DE LA **PRISIÓN**
A LAS **POSIBILIDADES**

Abriendo tu camino

KIM NUGENT, ED.D.

JOHN A. MORALES, MS

Editor: Diana Szilard

Paperback ISBN: 978-1-960995-03-2
ebook ISBN: 978-1-960995-21-6

Contactar a Kim Nugent, Ed.D a:
Dirección de correo electrónico: Kim@DrNugentSpeaks.com
Sitio web: www.DrNugentSpeaks.com

DEDICATORIA

A Michael Bell y al equipo de liderazgo de Management & Training Corporation,

Este libro está dedicado a todos ustedes en reconocimiento al profundo impacto que han tenido en la reforma penitenciaria. Su compromiso inquebrantable, visión y fe en la posibilidad de un cambio positivo me han inspirado a mí y a muchos otros.

Su liderazgo nos ha mostrado cómo es una verdadera reforma penitenciaria. Desde el principio, entendieron que el propósito del encarcelamiento va más allá del castigo; es una oportunidad para la rehabilitación, la redención y, lo que es más importante, para que la humanidad florezca.

Su dedicación a la creación de un entorno que fomenta el crecimiento, empodera a las personas y promueve una transformación genuina es encomiable. Ustedes se han esforzado por implementar programas e iniciativas que abordan las fallas del sistema y se centran en el desarrollo integral de las personas encarceladas. Al hacerlo, han brindado esperanza, dignidad y una oportunidad genuina para un futuro mejor.

Su creencia de que todas las cosas son posibles ha sido una luz guía para muchos que se han sentido olvidados y pasados por alto. Nos han demostrado que las segundas oportunidades no solo son merecidas sino esenciales para construir una sociedad más justa y compasiva. Su liderazgo ha ayudado a cerrar la brecha entre el encarcelamiento y la reintegración, demostrando que las personas pueden superar su pasado, redefinir su futuro y contribuir positivamente a sus comunidades.

Gracias por sus incansables esfuerzos, su espíritu visionario y su inquebrantable creencia en el valor y el potencial inherentes de cada individuo. Su dedicación a una auténtica reforma penitenciaria ha allanado el camino para la transformación, la sanación y un mundo mejor para todos.

Con profunda gratitud y admiración,

Kim

TESTIMONIOS

¡Excelente y práctico! Los capítulos de Kim Nugent están llenos de reflexiones profundas sobre las transiciones realistas a las que se enfrentan las personas al salir de la prisión y ofrecen una guía para integrarse con éxito a una nueva vida con oportunidades de sanación y crecimiento.

—Marshall Goldsmith
Premio Coach Ejecutivo Thinkers 50
y el único ganador en dos ocasiones del premio
Pensador de Liderazgo del mundo

Una cita que me ha guiado personalmente es: «Cada nuevo día es una nueva oportunidad para superarte». Estoy emocionado por todos los que lean este libro, porque los consejos y sugerencias contenidos en estas páginas sin duda les brindarán oportunidades para mejorar y ayudarán a allanar su camino hacia el éxito. ¡Por favor, sepan que los estoy apoyando y creo en ustedes!

—Justin K. Wood
Asesor Jurídico General
Vicepresidente de Relaciones Exteriores
Children's Advocacy Centers of Texas

Estoy muy impresionado con la investigación, el contenido y la organización del libro de Kim Nugent *De la prisión a las posibilidades*. Como indica el subtítulo, este libro describe un camino que los encarcelados deben seguir tanto en prisión como después de recuperar la libertad. Cuando se estudia con un mentor capacitado, este libro proporciona un camino detallado para aumentar la probabilidad de éxito en el mundo libre. Animo a los mentores a aplicar este libro en su trabajo con los reclusos y los ciudadanos que se reintegran a la sociedad.

—John Sage
Fundador y CEO, Bridges to Life

La Dra. Kim Nugent es una bendición rara y maravillosa en nuestro mundo, aporta una mente sabia y práctica, así como un corazón compasivo y abierto a su trabajo.

Este libro es fácil de comprender, pero profundo y poderoso en su aplicación de los principios espirituales de transformación que han cambiado vidas humanas durante milenios. *De la prisión a las posibilidades* ofrece un camino de esperanza y los pasos para lograr su realización.

—Reverendo Michael Gott
Ministro Principal, Unity of Houston

Como líder en la educación secundaria para adultos, tanto dentro como fuera del sistema penitenciario, he dedicado años a observar cómo personas que han estado en prisión se levantan y transforman sus vidas.

Las herramientas y el apoyo que se brindan detrás de esos muros son los factores que marcan la diferencia: *De la prisión a las posibilidades* es una herramienta bien fundamentada y reflexiva que sin duda transformará vidas. La Dra. Nugent ha creado una guía intencionada para que las personas históricamente marginadas prosperen, combinando la autorrealización, el sentido práctico y la fe en una hoja de ruta que construye confianza para el futuro.

Aunque el libro es fácil de leer y entender, el trabajo será desafiante. Prepárate, apóyate en tu mentor y ten fe en que vales el esfuerzo.

—Traci Berry
Defensor de la Educación

La Dra. Kim Nugent tiene un enfoque único y eficaz para el material motivacional. A diferencia de muchas otras publicaciones de este género, los libros de Kim no permiten a los lectores permanecer pasivos durante la lectura. Su estilo ofrece una guía esencial y proporciona a los lectores ejercicios para aplicar ese conocimiento a sus vidas. Su estilo ofrece una guía esencial y proporciona a los lectores ejercicios para aplicar ese conocimiento a sus vidas.

Su último libro, *De la prisión a las posibilidades: Abriendo tu camino* ofrece esta sabiduría a un público muy especial. Está dirigido a personas en prisión que están a punto de reintegrarse a la sociedad.

La mayoría de nosotros somos conscientes de la alta tasa de reincidencia en nuestro país. Evidentemente, el hecho de que tantas personas regresen a prisión demuestra que estamos haciendo algo mal o insuficiente. El enfoque de Kim los ayuda a prepararse para todo, desde completar una solicitud de empleo hasta encontrar un camino espiritual que les brinde el apoyo y la fortaleza para mantenerse en el camino correcto.

Durante los últimos años, he colaborado con funcionarios penitenciarios y con las personas que residen allí. He revisado una gran cantidad de material sobre este tema. Pero no he encontrado nada tan enfocado y acertado como la última obra de Kim, *De la prisión a las posibilidades: Construyendo tu camino.*

—Bill DeBarba
Autor y conferencista, *El proceso de vivir*

CONTENIDO

CUALIDADES Y HABILIDADES CLAVE

PROPÓSITO

Ayudar a los reclusos a hacer una transición exitosa del encarcelamiento a una vida plena después de su liberación, de la siguiente manera:

- Identificar los aspectos clave en los que trabajar antes de la liberación
- Elaborar un plan para después de la liberación
- Crear un camino para la transición
- Ofrecer un enfoque de mentoría tipo Ministerio
- Reducir la reincidencia (las probabilidades de regresar a prisión)

INTRODUCCIÓN

Este libro está diseñado para ayudarte a planificar tu exitosa reintegración en la sociedad tras el encarcelamiento, buscando vivir una vida productiva post-liberación. Idealmente, el proceso de preparación para la transición comienza treinta semanas antes de tu liberación. La estructura ideal es que tengas un mentor y sigas este programa cada semana durante treinta semanas mientras aún estás en prisión, y durante doce semanas después de tu liberación. El objetivo es reducir la reincidencia abordando los desafíos de reintegración a la comunidad y ofreciendo un marco que favorezca una transición exitosa. Es decir, prevenir el retorno a prisión apoyándote en la construcción de una vida exitosa, al mismo tiempo que enfrentas los problemas típicos del mundo libre fuera de los muros de la prisión.

Por la gracia de Dios, la mayoría de las personas no han experimentado el encarcelamiento y probablemente no puedan concebir cómo habría sido su existencia si hubieran estado en prisión. Es mi deseo que, si tú, un miembro de tu familia o un compañero de congregación están leyendo este libro, crean que vales la pena y quieran reinvertir en ti para darte una segunda oportunidad. Todos merecemos una segunda oportunidad. ¡Ciertamente, la providencia divina nos ha brindado una vida llena de oportunidades!

También es mi deseo que hayas aprovechado todos los programas que ofrece la prisión y que te hayan cambiado para bien. Algunas prisiones tienen programas muy innovadores y están comprometidas a reducir la reincidencia, lo cual valoramos. Estos programas incluyen personal para ayudar con la búsqueda de empleo, la posibilidad de obtener un certificado de educación general (GED), un diploma de escuela secundaria y créditos de colegios comunitarios, aprender un oficio y obtener un certificado. Algunas prisiones ofrecen meditación, yoga, programas para el abuso de sustancias, terapia, entrenamiento con pesas, y baloncesto para promover el bienestar mental y físico. En algunas prisiones muy especiales, los programas incluyen la cría de animales, agricultura, manejo y entrenamiento de perros, lo que conduce a posibilidades de empleo después de la liberación.

Los programas con base en la fe como «Bridges to Life» (Puentes a la Vida), Mike Barber Ministries y Kairos Ministry han logrado grandes avances asociándose con prisiones y reclusos para ayudar a comenzar el proceso de sanación.

«Bridges to Life» es un programa de justicia restaurativa fundamentado en la fe para hombres y mujeres encarcelados que ofrece una plataforma para una transformación personal que cambia vidas. La organización fue fundada por John Sage en 1998 a raíz de una tragedia indescriptible: el asesinato de la hermana de John, Marilyn, en 1993. John se dio cuenta, a través de su sufrimiento y el de su familia, que esta tragedia también había impactado a amigos, compañeros de trabajo y a la comunidad. John comenzó a trabajar como voluntario en un ministerio de prisiones donde las víctimas de delitos compartían sus historias con los delincuentes, lo cual despertaba en ellos la compasión al darse cuenta del impacto de sus acciones. La misión espiritual de «Bridges to Life» es brindar un ministerio de fe a las víctimas y ofensores para mostrarles el poder transformador del amor y el perdón de Dios.

Cuando trabajé como voluntaria en las prisiones, tuve la oportunidad de hablar con hombres y mujeres sobre el impacto del programa «Bridges to Life». Cada persona compartió cómo el haber completado el programa de catorce semanas y confrontado sus acciones les permitió asumir su responsabilidad, confesar y lograr el verdadero perdón por primera vez. En nuestras conversaciones, se podía percibir la paz interior. Sentían una renovada sensación de cómo sus vidas podrían ser diferentes después de salir de prisión.

El Ministerio Kairos es una organización cristiana dedicada a atender las necesidades espirituales de hombres, mujeres y jóvenes encarcelados, así como de sus familias, promoviendo un cambio en sus vidas mediante el amor y el perdón de Jesucristo. Kairos, que en griego significa «el momento oportuno de Dios», tiene como objetivo generar un impacto positivo global al transformar los corazones de las personas encarceladas y cambiar sus vidas

Muchos reclusos antes y después del encarcelamiento han compartido sus historias conmigo. Tengo una apreciación completamente nueva del significado de la palabra *kairós*. Cada persona compartió que, si bien Kairos tenía una presencia poderosa y visible en su prisión, les tomó muchos años decidirse a participar. Algunos se mantuvieron alejados del programa durante años por miedo a la pandilla a la que pertenecían y a lo que pudiera suceder. En otros casos, pese a que sus familiares los animaban a unirse al programa, los reclusos ignoraron Kairos durante años hasta que, un día, no pudieron ignorarlo más. Otros se unieron por curiosidad, y algunos incluso lo hicieron simplemente por las galletas caseras que se ofrecían. De cualquier manera, en el transcurso de un solo fin de semana en el programa, sus vidas se transformaron. Lo más impresionante es que muchas de estas mismas personas continúan sirviendo en el ministerio después de salir de su liberación gracias al impacto que tuvo en sus vidas.

Mike Barber Ministries es una organización cristiana comprometida con presentar la salvación y la renovación espiritual a través de Jesucristo a hombres y mujeres tras las rejas. Me invitaron a participar en uno de esos fines de semana, y me cambió la vida, así que solo puedo imaginar lo que significó para los hombres y mujeres que participaron.

Toda la familia Barber está dedicada a marcar la diferencia en la vida de cada persona en su ministerio, lo que incluye a hombres y mujeres tras las rejas, el personal penitenciario, los voluntarios y todo el equipo que apoya a la organización. No es de extrañar que algunos voluntarios que habían estado encarcelados y luego liberados, regresaran como voluntarios para brindar apoyo a otros y hacerlos saber que están solos.

El amor y el compromiso de Mike Barber Ministries para ayudar a que las personas vean lo que es posible a través de Jesucristo es inspirador. Tuve la oportunidad de presenciar bautismos, participar en el programa del ministerio, conocer a personas increíbles e incluso visitar el corredor de la muerte. Me di cuenta de que las personas que habían aceptado o aceptaron a Jesucristo en sus corazones estaban transformadas. En algunos casos, los reclusos en prisión son más libres que las personas en el exterior que están prisioneras en sus propias mentes. Aunque mi compromiso para ser efectiva a través de este programa de mentoría era fuerte, su pasión reavivó mi pasión por hacer aún más.

Quizás te preguntes por qué elegí escribir un libro como este. Cuando era adolescente, mi papá empezó su carrera como abogado penalista a los 40 años. Antes de casarse con mi mamá, mi papá estudió en el seminario católico durante seis años, pero se enfermó un año antes de ser ordenado como sacerdote. Se recuperó mientras estaba en casa y terminó casándose y tuvo seis hijos. Era un hombre interesante de observar. Tenía una ética de trabajo increíble, a pesar de enfrentar muchas enfermedades a lo largo de su vida. Cada día, cuando iba a la oficina o al juzgado, tenía la creencia inquebrantable de que todas las personas eran inocentes hasta que se demostrara lo contrario, y así ejerció como abogado durante treinta años.

Cuando tenía 18 años, trabajé durante un año para una empresa de fianzas, en el turno de 11 p.m. a 7 a.m., y pude ver el funcionamiento interno de la cárcel de la ciudad y del condado, así como de la prisión estatal en Texas. Cuando mi hermano cumplió 21 años, se unió a la policía de Houston. Realmente quería marcar la diferencia en la vida de los demás. Como te puedes imaginar, las cenas familiares eran bastante interesantes. Independientemente del rol que elegimos, sabíamos que nuestro propósito era marcar la diferencia en la vida de los demás. Así fuimos criados. Lo que no sabía era cómo cambiaría mi vida casi 40 años después. Un día recibí una llamada de un caballero de Arizona que trabajaba como voluntario en prisiones, impartiendo talleres de mediación. Él sabía que yo había escrito un libro sobre mentoría y me preguntó si estaría dispuesta a escribir un libro sobre mentoría para hombres y mujeres encarcelados, pues reconocía que había una gran necesidad de guía, apoyo y conexión. Le dije que sí. Comenzó la investigación para el libro, y el resto, como dicen, es historia.

NADA MÁS QUE HECHOS

¿Sabías que los reclusos que participan en programas de educación correccional tienen un 43 por ciento menos de probabilidades de regresar a prisión? (Davis, S. et al, 2014 p. 18). Más de 2 millones de adultos están encarcelados en los Estados Unidos. Cada año, más de 700,000 personas encarceladas son liberadas de las prisiones federales y estatales, y, dentro de los tres años posteriores a su liberación, más del 40 por ciento regresa a prisión. Las razones son muchas. Para algunas personas, es la falta de educación necesaria para conseguir un empleo estable. Para otras, es un problema de alfabetización. Y para muchos, es un problema de abuso de sustancias.

Sin un plan integral ni programas educativos establecidos, la situación es preocupante. Afortunadamente, hay muchas nuevas oportunidades disponibles para comenzar a cambiar este ciclo. Aunque este cambio comienza con administradores de prisiones dispuestos a compartir mejores prácticas e investigar nuevas tendencias, la responsabilidad final recae en cada individuo encarcelado, quien debe decidir qué camino tomar y cómo ayudarse a sí mismo mientras está en prisión, para no regresar nunca más. ¡Lo que sea que te llevó a prisión, *regresar a ese entorno te llevará directamente allí de nuevo*!

Sin importar cómo te hayas imaginado la libertad, piénsalo de nuevo. Será más difícil de lo que jamás imaginaste. Hay aspectos sobre la reintegración que no te cuentan ni te preparan, y necesitarás desarrollar nuevas habilidades para la vida para tener éxito.

Vivir en prisión es difícil. Todas las decisiones las toman por ti: cuándo levantarte, dónde puedes caminar, a qué hora comer, qué uniforme usar, a dónde presentarte a trabajar, cuándo puedes llamar por teléfono, cuándo acostarte, etc.

Cuando salgas de prisión, muy pocas decisiones se tomarán por ti; todo dependerá de ti. Tal vez te estés imaginando lo que harás cuando salgas. Para muchos, es simplemente salir de prisión, caminar bajo el sol, que alguien los recoja y los lleve a casa. Si tienes mucha suerte, así podría suceder. Una vez en casa, querrás ducharte, sentarte a disfrutar de una comida casera y reconectarte con familiares y amigos. Querrás dormir en tu vieja cama. Tal vez te adaptes, tal vez no. Tal vez descubras que te acostumbraste tanto a los ruidos, las luces y el ambiente de la prisión que no puedes dormir. ¡Esa sí que sería una verdadera sorpresa!

Lo que imaginaste sobre la libertad durará quizás tres días, y luego la realidad se hará presente. Podría ser un comentario como: «¡Qué bueno que estás en casa!, ¿Cuándo vas a buscar trabajo? ¿Pagar alquiler? ¿Cuidar a los niños? ¿Cocinar? ¿Dejar de juntarte con las personas que te causaron problemas en primer lugar? ¿Controlar tus adicciones?» Las responsabilidades y la toma de decisiones habrán llegado, y estos son solo algunos ejemplos para hombres y mujeres.

Para las mujeres, lograr una transición exitosa después de salir de prisión puede presentar desafíos únicos. Estas son algunas preguntas y aspectos a considerar:

¿Cómo vas a reconstruir tus redes de apoyo?
Las mujeres pueden tener dificultades para reconectarse con familiares, amigos o miembros de la comunidad que tal vez se distanciaron durante el encarcelamiento. Ayudarlas a reconstruir y fortalecer sus redes de apoyo puede ser crucial.

¿Cómo vas a crear estabilidad financiera?
Encontrar empleo y asegurar un ingreso estable suele ser una preocupación importante para las mujeres después de salir de prisión. Pueden necesitar ayuda con la búsqueda de trabajo, formación profesional o planificación financiera para recuperar su independencia económica. Organizaciones sin fines de lucro, como Career Recovery Resources, pueden ayudarte a comenzar.

¿Dónde puedes encontrar una vivienda estable?
Muchas mujeres que salen de prisión carecen de opciones de vivienda adecuadas, lo que puede dificultar su reintegración en la sociedad. Asegurar el acceso a una vivienda segura y estable puede tener un gran impacto en su transición exitosa.

¿Estoy enfrentando problemas de salud mental y trauma?
Las mujeres que han estado encarceladas pueden haber vivido eventos traumáticos o enfrentar problemas de salud mental que requieren apoyo y recursos para abordarlos. Tener acceso a servicios de terapia y otros recursos de salud mental, como los que ofrece la Alianza Nacional de Enfermedades Mentales (National Alliance for Mental Illness, NAMI por sus siglas en inglés), puede ser fundamental.

¿Estoy preparada para ejercer una crianza positiva y reconectarme con mi familia y mis hijos?
Las madres enfrentan el desafío de reconectarse con sus hijos y reconstruir relaciones que pueden haberse visto afectadas durante su encarcelamiento. Los servicios de apoyo familiar y los programas de crianza pueden ser recursos valiosos en este proceso. ¿Qué recursos en prisión puedo aprovechar, como Acceleron Learning, para prepararme realmente para la reinserción?

¿Cuál es mi plan para seguir abordando los problemas de consumo de sustancias y adicción cuando salga de prisión?
Los problemas de consumo de sustancias son frecuentes entre las mujeres encarceladas. Al salir, pueden necesitar apoyo y acceso a programas que ayuden en la recuperación y rehabilitación de la adicción. Si parte del problema de adicción se debe a que un novio o pareja te introdujo a las drogas o el alcohol, será necesario terminar esa relación para mantener la sobriedad. ¿Puedes hacerlo?

¿Cómo te has preparado para reintegrarte al mercado laboral durante tu tiempo en prisión?
Las mujeres pueden enfrentar obstáculos adicionales al reintegrarse a la fuerza laboral debido a interrupciones en su historial laboral, el estigma asociado con el encarcelamiento

y la dificultad para obtener los documentos de identificación necesarios. Recibir orientación vocacional, capacitación laboral y asistencia con solicitudes de empleo puede ser crucial.

¿Cómo has mejorado en el desarrollo de habilidades para la vida?
Ayudar a las mujeres a desarrollar habilidades esenciales para la vida, como el manejo de presupuestos, la gestión del tiempo, la resolución de conflictos y la toma de decisiones, puede apoyar su reintegración exitosa en la sociedad.

Prepárate para ser paciente en lugar de reaccionar con enojo al enfrentar barreras legales y burocráticas. No dudes en pedir ayuda. Las mujeres que han estado encarceladas pueden encontrarse con problemas administrativos relacionados con la libertad condicional, la restauración de sus derechos de voto, asuntos de custodia de sus hijos y más. Ayudarlas a superar estos desafíos legales puede facilitar una transición más fluida.

Eres única. Es importante señalar que los desafíos específicos a los que se enfrentan las mujeres al salir de prisión pueden variar. El apoyo individualizado y un enfoque integral que aborde sus necesidades únicas pueden mejorar enormemente sus posibilidades de reinserción exitosa en la sociedad.

¿Cómo vas a salir adelante? Empieza ahora mismo a pensar en lo que necesitas, en los cambios que vas a hacer y en quiénes serán las personas que te acompañarán y apoyarán en el camino. Comienza a rodearte de personas positivas que desean verte triunfar, no de aquellas que quieren mantenerte estancado. ¿Quiénes son las personas y las situaciones que debes evitar? ¿Qué lugares debes evitar? ¿Qué hábitos necesitas dejar? ¡Comencemos!

FORTALEZAS DE CARÁCTER: ¿QUIÉN ERES?

Antes de empezar a trazar un nuevo camino y explorar nuevas posibilidades, debemos establecer una base que refleje dónde te encuentras hoy. En este capítulo, tómate el tiempo para reflexionar antes de trabajar con un mentor. Estar encarcelado es un evento traumático, y puede tener muchos efectos negativos en ti durante el tiempo que estás en prisión.

Hay ciertas fortalezas de carácter que pueden ayudarte a construir una base sólida. Estas son: responsabilidad, gratitud, honestidad, perdón, autorregulación, autoestima y espiritualidad. A continuación, se define cada una:

- o La responsabilidad es reconocer las acciones en las que estuviste equivocado o cometiste un error.
- o La gratitud es estar agradecido y tu capacidad de demostrar aprecio.
- o La honestidad es la capacidad de decir la verdad.
- o El perdón es un proceso de perdonar y/o ser perdonado.
- o La autorregulación es la capacidad de controlar tus emociones y acciones, y establecer metas duraderas y alcanzarlas.
- o La autoestima es la capacidad de valorar tu propia singularidad y potencial.
- o La espiritualidad es la cualidad de preocuparte por el espíritu o el alma humana. Es tu relación con tu Creador y encontrar tu propósito en la vida.

Según el psicólogo social James Pennebaker de la Universidad de Texas en Austin, escribir sobre los eventos que te han sucedido en la vida puede ayudarte a empezar a dejar atrás el pasado y sanar de diversas maneras (E. E. Smith 2017, 171–173). Primero, reflexiona sobre las causas y las consecuencias de lo que te sucedió. Escribe cómo te sientes. No te guardes nada. Adelante, comienza incluso antes de reunirte con tu mentor. Las instrucciones están en la página siguiente.

Ejercicio de escritura

Cada día, dedica quince minutos y escribe al menos una página para reflexionar sobre las fortalezas de carácter mencionadas. No te preocupes por la gramática, la ortografía, la puntuación, etc. El objetivo es plasmar tus pensamientos en papel.

Responsabilidad. ¿Qué sucedió que causó tu encarcelamiento? ¿Has asumido la responsabilidad de tus decisiones? ¿Qué le han costado tus acciones a tu familia?

Ideas para comenzar a reflexionar sobre la responsabilidad:

Estoy encarcelado porque…

Mi primer recuerdo de meterme en problemas fue…

El impacto de mi crimen en la víctima es…

El impacto en mi familia es…

Estoy asumiendo la responsabilidad de…

Ejercicio de escritura

Cada día, dedica quince minutos y escribe al menos una página para reflexionar sobre las fortalezas de carácter mencionadas. No te preocupes por la gramática, la ortografía, la puntuación, etc. El objetivo es plasmar tus pensamientos en papel.

Gratitud. ¿Muestras gratitud cada día?

Ideas para comenzar a reflexionar sobre la gratitud:

Estoy agradecido por…

Una persona a la que agradezco debido a su influencia positiva en mi vida es…

Lo que he aprendido de esto es…

Ejercicio de escritura

Cada día, dedica quince minutos y escribe al menos una página para reflexionar sobre las fortalezas de carácter mencionadas. No te preocupes por la gramática, la ortografía, la puntuación, etc. El objetivo es plasmar tus pensamientos en papel.

Honestidad. ¿Eres capaz de decir la verdad? ¿Sabes cuál es la diferencia entre la honestidad y tu opinión?

Ideas para comenzar a reflexionar sobre la honestidad:

Digo la verdad sobre…

Me digo la verdad a mí mismo sobre…

Le digo la verdad a mi familia…

Le digo la verdad a…

Miento sobre…

La verdad es diferente de mi opinión…

Mi opinión es…

Pero la verdad es…

Ejercicio de escritura

Cada día, dedica quince minutos y escribe al menos una página para reflexionar sobre las fortalezas de carácter mencionadas. No te preocupes por la gramática, la ortografía, la puntuación, etc. El objetivo es plasmar tus pensamientos en papel.

El perdón. ¿Te has perdonado a ti mismo y has pedido perdón?

Ideas para comenzar a reflexionar sobre el perdón:

Los programas que he tomado en prisión para perdonar son

He perdonado a…

¿Crees que Dios te ha perdonado?

Me he perdonado a mí mismo por…

Ejercicio de escritura

Cada día, dedica quince minutos y escribe al menos una página para reflexionar sobre las fortalezas de carácter mencionadas. No te preocupes por la gramática, la ortografía, la puntuación, etc. El objetivo es plasmar tus pensamientos en papel.

Autorregulación. ¿Eres capaz de controlar tus emociones y reconocer los desencadenantes emocionales?

Ideas para comenzar a reflexionar sobre la autorregulación:

Mis desencadenantes emocionales son…

Puedo controlar mis desencadenantes mediante…

Todavía me resulta difícil…

Ejercicio de escritura

Cada día, dedica quince minutos y escribe al menos una página para reflexionar sobre las fortalezas de carácter mencionadas. No te preocupes por la gramática, la ortografía, la puntuación, etc. El objetivo es plasmar tus pensamientos en papel.

Autoestima. ¿Qué valoras de tu vida?

Ideas para comenzar a reflexionar sobre la autoestima:

Las personas a las que más les importo son…

Valoro….

Soy único porque…

¿Qué te hace ser especial?

Ejercicio de escritura

Cada día, dedica quince minutos y escribe al menos una página para reflexionar sobre las fortalezas de carácter mencionadas. No te preocupes por la gramática, la ortografía, la puntuación, etc. El objetivo es plasmar tus pensamientos en papel.

Fe. ¿Quién eres *tú*? ¿En qué crees? ¿Qué valoras? ¿Cuál es tu propósito? ¿Has encontrado un ser superior en quien creer? ¿Te esfuerzas por practicar tu fe cada día?

Ideas para comenzar a reflexionar sobre la fe:

Yo soy…

Creo en…

Valoro….

Mi propósito en la vida es…

Mi fe me permite cada día…

Para mí la fe significa….

Enumera las características de Dios:

Para experimentar un crecimiento, las investigaciones de Pennebaker han demostrado que las personas que han vivido un evento traumático, y son capaces de escribir sobre ello funcionan mejor. A medida que tu perspectiva cambia al plasmar estas cosas por escrito, Pennebaker sugiere intentar encontrar un significado positivo en tu experiencia traumática. Esto generará crecimiento. Esto llevará tiempo. Puedes realizar estos ejercicios de escritura diariamente por tu cuenta. Mientras estás en prisión, esperamos que aproveches los programas educativos y los programas con base en la fe que la prisión ofrece. Es hora de prepararse para el futuro.

LOS CAMINOS EDUCATIVOS

Muchos programas penitenciarios ofrecen oportunidades para que los hombres y mujeres encarcelados cambien el rumbo de su futuro a través de programas educativos. La Oficina de Asistencia Judicial (Bureau of Justice Assistance) y la Corporación RAND han realizado numerosas investigaciones sobre la relación entre la educación correccional, el empleo y la reincidencia. Además, la Oficina de Estadísticas Laborales (Bureau of Labor Statistics) comparte cada año el impacto de la educación en los ingresos futuros. La conclusión es que mientras más aprendes, más ganas, y las tasas de desempleo se reducen.

Durante años, los programas penitenciarios han ofrecido a los reclusos la oportunidad de obtener un GED (diploma de escuela secundaria). Ahora algunos sistemas penitenciarios permiten a los reclusos elegir entre obtener un GED, como el Distrito Escolar Windham (WSD) en Texas. Windham ofrece programas educativos adecuados para atender las necesidades de los reclusos que reúnen los requisitos, reduciendo así la reincidencia al ayudarlos a convertirse en miembros productivos de la sociedad.

Además, en Texas, la legislatura estatal cambió la ley para permitir que los adultos obtengan un diploma de escuela secundaria desde los dieciocho hasta los cincuenta años. Los Centros Goodwill Excel son una escuela secundaria chárter única y gratuita que otorga certificados y diplomas de escuela secundaria a estudiantes adultos en algunas comunidades locales. El Centro Goodwill Excel ubicado en Austin, Texas, atiende a estudiantes adultos en la comunidad y también ofrece programas de escuela secundaria dentro de varias prisiones en todo Texas.

Algunos sistemas penitenciarios se han asociado con colegios comunitarios locales para que los reclusos puedan obtener créditos universitarios mientras están en prisión, lo que les brinda un futuro más prometedor al salir.

Según el sistema penitenciario, muchos han incorporado programas de oficios dentro de la prisión para que los hombres y mujeres encarcelados puedan r puedan realizar un aprendizaje y adquirir un oficio. Otros sistemas penitenciarios ofrecen certificados en áreas de alta demanda, lo que permite a los reclusos potencialmente ganar más al salir de prisión.

Además, algunos sistemas penitenciarios innovadores se han asociado con empresas e industrias para ofrecer programas que incluyen manufactura, industria ligera, hidrolavado, conductores con licencia de conducir comercial (CDL), mecánica, servicios de alimentos, trabajo administrativo básico y cocina. El objetivo es que los reclusos puedan utilizar esas habilidades al ser liberados y ganar un salario digno.

Algunas prisiones ofrecen un Programa de Emprendimiento Penitenciario (PEP), con voluntarios como líderes comprometidos con el servicio con la misión de convertir a reclusos y ejecutivos, desbloqueando el potencial dado por Dios a través de la pasión emprendedora, la educación y la mentoría. El programa ofrece recursos y habilidades empresariales sobre la base de valores del mundo real a los reclusos para que, una vez que regresen a la sociedad, tengan las habilidades y el apoyo para llevar vidas productivas. Durante su estancia en prisión, los reclusos aprenden a desarrollar un plan de negocios y un plan de marketing, luego promueven la idea antes de su liberación y, con suerte, abren su propio negocio.

Aunque tienes opciones tanto dentro como fuera de la prisión, sin un plan bien concebido, las probabilidades de regresar a prisión son altas. Este libro está diseñado para ofrecerte un camino, una ruta que no te lleve de nuevo al encarcelamiento, pero eso depende de ti. Nadie puede tener éxito solo, así que ahora da el siguiente paso en tu crecimiento y desarrollo eligiendo un mentor.

MENTORÍA: ¿QUIÉN TE VA A AYUDAR?

> *Un mentor no es alguien que camina delante de noso-*
> *tros para mostrarnos cómo lo hizo. Un mentor es alguien*
> *que camina junto a nosotros para mostrarnos lo que*
> *podemos hacer.*
> —Simon Sinek

Los mentores son el tipo de modelo a seguir que puede influir positivamente en tu carácter. Según el sitio web Mentoring Complete (https://www.management-mentors.com), la mentoría es una relación profesional de confianza en la que una persona con experiencia (el mentor) ayuda al aprendiz (tú) a desarrollar habilidades y conocimientos para potenciar su crecimiento en el desarrollo de metas profesionales y personales (p.1). Puede ser una de las experiencias de aprendizaje más valiosas tanto para el aprendiz como para el mentor en diferentes etapas de la vida.

La mentoría es un componente clave para aprovechar al máximo este libro. Para los fines de este libro, esta relación de mentoría durará aproximadamente nueve meses.

La estructura incluirá un horario que ambos acuerden semanalmente, ya sea por teléfono, en persona o usando herramientas como Zoom, si están disponibles. Se puede adaptar el uso de correo electrónico y mensajes de texto (si están permitidos) para las sesiones de mentoría semanales para mantenerse en contacto, pero no deben ser la principal forma de comunicación. Se espera que tanto el mentor como el aprendiz lleguen a cada sesión habiendo leído el material previo requerido. El aprendiz deberá completar las preguntas que se le asignen cada semana. El mentor hará preguntas cada semana y tomará notas para el seguimiento, los próximos pasos y los aprendizajes. Aunque la hora y fecha de cada sesión semanal pueden ser flexibles, ambos deben acordar la hora y fecha con una semana de anticipación para mantener la continuidad.

Al elegir tu mentor, piensa en alguien a quien admires y en quien confíes, alguien que te motive, que hable positivamente de los demás y con quien te sientas cómodo hablando cada semana. Un mentor es un adulto de confianza, como un maestro, entrenador, asesor, consejero, amigo de la familia o un voluntario de la iglesia en quien puedas confiar y admires. No debe ser alguien de tu pasado que tenga cualidades negativas o en quien no puedas confiar.

Una vez que hayas identificado a la persona, programa una reunión para conversar durante unos treinta minutos. Prepárate para hacer algunas preguntas y ver si esa persona estaría dispuesta a establecer una relación de mentoría durante nueve meses. Utiliza este libro como guía de referencia para cada reunión semanal.

Ministerio de Mentoría

La mayoría de las prisiones tienen alianzas con iglesias que atienden regularmente a las personas encarceladas de diversas maneras: dando clases, ofreciendo voluntariado y brindando apoyo en oración. Esperamos que los colaboradores de las iglesias adopten este enfoque y sirvan como mentores. Este modelo se puede utilizar de forma individual, o un mentor puede atender hasta cuatro aprendices. Dado el nuevo entorno en el que vivimos, una solución novedosa podría ser el uso de tecnología por internet, como Zoom, para brindar apoyo. Independientemente de quién actúe como mentor, nuestro objetivo principal es proporcionar una estructura de seis meses para trabajar con el aprendiz en una variedad de habilidades previas a la liberación, de modo que esté mejor preparado para salir de prisión y no regresar. El objetivo secundario es apoyar al aprendiz en la creación de un plan realista para los tres meses posteriores a su liberación. Idealmente, este segundo mentor sería parte de la iglesia a la que perteneces.

AUTOEVALUACIÓN DEL MENTOR: ¿ESTÁS LISTO PARA SER MENTOR?

El propósito de la mentoría es ofrecer a un recluso un plan de acción antes y después de su liberación. Utilizarás tu experiencia profesional y tu excelencia laboral. Las habilidades para dar retroalimentación y orientación son secundarias.

1. ¿Cuál es tu *motivación* o *propósito* para ser mentor?

2. Realiza un análisis SOAR (Fortalezas, Oportunidades, Aspiraciones, Resultados) para evaluar tu rol como mentor.

   Mis fortalezas son

   Mis oportunidades son

   Mis aspiraciones son

   Los resultados que quiero lograr son

3. Motivación

   - ¿Qué te motiva a establecer una relación de mentoría?
   - ¿Cuál es tu visión del mejor resultado posible?
   - ¿Cuáles son tus fortalezas para emprender este cambio?
   - ¿Cuáles son los obstáculos que podrían impedirte alcanzar la meta del aprendiz?
   - Enumera los pasos a seguir sobre cómo vas a

     o Comunicarte
     o Utilizar tu experiencia personal
     o Adaptar los recursos al estilo de aprendizaje del aprendiz

- o Manejar la resistencia
- o Involucrarte

- ¿Qué nuevas habilidades, conocimientos y actitudes se necesitan para hacer este cambio?

  - o Habilidades
  - o Conocimiento
  - o Actitudes

- Determina cómo reconocerás, valorarás y celebrarás al concluir en nueve meses.
- ¿Cómo mantendrás el impulso?

4. Establecer metas

   - ¿Cuáles son las metas personales del aprendiz para después de salir en libertad?
   - ¿Cuál es la motivación del aprendiz para cambiar su vida?
   - Una vez que el aprendiz conozca el camino a seguir una vez en libertad, ¿cómo lo ayudarás a completar las tareas de la lista de verificación?

5. Ideas para comenzar una conversación

   - ¿Cómo va todo?
   - ¿Qué lograste esta semana?
   - ¿Qué aprendiste sobre ti mismo esta semana?
   - Ponme al día.

6. Para que esta relación sea productiva, es esencial conocer a tu aprendiz.

   - Estrategias de comunicación:

     - o Establecer vínculos y confianza..
     - o Sé empático.
     - o Practicar la escucha atenta.
     - o Explorar opciones. Hay tiempo suficiente.
     - o Brindar ánimo.
     - o Crear oportunidades en colaboración.
     - o Reconocer el esfuerzo que están realizando.

   - Facilitar/formular preguntas. Lo mejor de este libro es que las preguntas ya han sido elaboradas para ti. Sin duda puedes ampliarlas. Queremos advertirte sobre lo que no resulta útil en cuanto al enfoque. Hemos descubierto que estos planteamientos no son provechosos en la relación de mentoría.

Recuerda:

- No eres un terapeuta.
- Sé un amigo antes que mentor. Desarrollar un fuerte vínculo de confianza es fundamental.
- Contarles todo lo que has hecho durante los últimos veinte a cuarenta años no es el objetivo.
- Hacer preguntas es lo más útil en esta relación. A veces los reclusos buscan respuestas, y es entonces cuando tu experiencia puede orientarlos.
- No impongas tu agenda.
- No resuelvas sus problemas. El aprendiz debe resolver los problemas por sí mismo. Si hay una semana en la que sientes que el aprendiz va en la dirección equivocada, detén la conversación. Pídele al aprendiz que escriba sus ideas sobre lo que quiere lograr y retómalo la semana siguiente. Ambos necesitan tiempo para reflexionar. No insistas si no sientes que es lo correcto.
- No le digas qué hacer.

Retroalimentación

- No hagas preguntas que empiecen con «por qué». Esto pone a las personas a la defensiva, y no cambia el comportamiento. Una vez que se establezca la relación, tus preguntas surgirán de forma natural.
- Inicia las conversaciones con preguntas que empiecen con «cómo» o «qué».
- Sé siempre respetuoso con tu aprendiz.
- Escucha atentamente lo que se dice.

7. Resolución de problemas. Usa este modelo para resolver problemas. (Connellan 2002, *Bringing Out the Best in Others*).

- Define el problema.
- Explora opciones.
- Desarrolla soluciones.
- Refuerza las ideas positivas.
- Concreta el acuerdo/logra consensos. No des nada por sentado; confirma que asumen la responsabilidad.

8. Reflexión sobre el aprendizaje

- ¿Cómo te va?
- ¿Qué está funcionando?
- ¿Dónde tienes dificultades? o ¿todavía tienes alguna duda?

9. Estructura

- Comprométete a reunirte una vez por semana. Sé flexible.
- Por teléfono, en persona o mediante tecnología de internet, si está permitido.
- Establece hora y fecha.
- Toma notas.

10. Celebra el aprendizaje/recompensas:

- Notas de agradecimiento
- Reconocimiento en persona

Las investigaciones demuestran que contar con un mentor en la vida es muy beneficioso. Aunque muchas organizaciones ponen en marcha programas de mentoría, estos programas suelen no alcanzar los resultados esperados o simplemente no se mantienen activos. Para evitar que esto suceda, la preparación es fundamental.

Preparación y expectativas para el mentor:

- Revisa y comprométete con el horario.
- Lee el capítulo/artículo de la semana.
- Revisa las preguntas de autoevaluación.
- Revisa las preguntas para el mentor.
- Piensa en cómo puedes ampliar la conversación en función de las metas y tu experiencia. No dudes en aportar recursos adicionales.

> *La gente olvidará lo que dijiste, la gente olvidará lo que hiciste, pero la gente nunca olvidará cómo los hiciste sentir.*
> —Maya Angelou

ACUERDO MENTOR-APRENDIZ

Ambos estamos entusiasmados por emprender este camino juntos. Ambos queremos que esta sea una experiencia enriquecedora, dedicando la mayor parte de nuestro tiempo a hablar sobre actividades de desarrollo que brinden conocimientos valiosos en el futuro. Acordamos lo siguiente:

1. La relación de mentoría durará hasta nueve meses. Si por alguna razón no satisface las necesidades del aprendiz, podemos decidir terminar la relación formal en cualquier momento mediante una conversación. En algunos programas formales promovidos por la prisión, es posible tener dos mentores. Un mentor para trabajar con este libro durante seis meses y un mentor externo durante tres meses tras recuperar la libertad, para asegurar que estás aplicando tu plan de reinserción y sabes cómo acceder a los recursos para evitar volver a prisión.

2. Nos reuniremos una vez por semana en persona, por teléfono o por Zoom. Una vez acordado el horario, la reunión no debe cancelarse a menos que sea inevitable. Al final de cada reunión, acordaremos la fecha de la siguiente reunión.

3. Cada reunión puede durar entre treinta (30) y sesenta (60) minutos, el mentor y el aprendiz deben elegir lo que sea mejor para ambos. La prisión utilizará su cuenta de Zoom y programará la sala para la hora y día de la semana acordados. Programa 1.5 horas para que los aprendices tengan tiempo de salir de su área de alojamiento y ser escoltados al aula.

4. Acordamos que la función del mentor es la siguiente:

   - Completar y aprobar el curso de es seguridad por internet antes de recibir la autorización.
   - Brindar orientación, compartir ideas y ofrecer retroalimentación.
   - Actuar como interlocutor para reflexionar sobre ideas y preocupaciones relacionadas con decisiones de vida.
   - Conocer los recursos disponibles en la prisión.
   - Identificar recursos para mejorar el desarrollo personal y el avance profesional.
   - Defender los intereses del aprendiz cuando sea necesario.

5. Acordamos que la función del aprendiz (tú) es la siguiente:

- Identificar las habilidades, conocimientos y/o metas que deseas alcanzar y comunicarlos a tu mentor.
- Llevar un plan de mentoría y trabajar con tu mentor para establecer metas, actividades de crecimiento personal y plazos.
- Colaborar con tu mentor para localizar recursos de aprendizaje. Identificar personas e información que puedan ser útiles.

6. Acordamos mantener confidencial el contenido de estas reuniones.

7. El mentor se compromete a ser honesto y brindar comentarios constructivos al aprendiz. El aprendiz se compromete a estar abierto a los comentarios y agradecer.

Fecha: _____

Firma del mentor: _____

Firma del aprendiz: _____

Tecnología

Sería ideal si la prisión permite el uso de tecnología Zoom o tecnología de internet. Esto también permitiría que un mentor atendiera hasta cuatro aprendices.

Formación de Formadores

Un Programa de Formación de Formadores está disponible para los colaboradores de la iglesia, con el fin de que adquieran confianza sobre el método y los resultados que pueden obtener. Comuníquese con Kim Nugent en Kim@drnugentspeaks.com o nugent1234@gmail.com

GUÍA PARA CONOCERTE

Nombre del aprendiz:

Antes de empezar, vamos a conocernos. Necesitamos evaluar si tienes una mentalidad de crecimiento y deseas tener un mentor. Al responder cada una de estas preguntas, comenzarás a examinar tus habilidades, cualidades, competencias y capacidades antes de usar la guía de autoevaluación para cada uno de las 26 cualidades.

Cuéntame un poco sobre ti.

¿Qué aprendiste de la actividad de escritura sobre las fortalezas de carácter?

¿Estás motivado para salir de prisión? Si es así, ¿cuáles son las razones?

Al completar las veintiséis semanas, ¿qué quieres haber logrado?

¿Qué programas has aprovechado mientras has estado en prisión?

¿Con cuál método aprendes mejor?

       _____ Auditivo
       _____ Visual
       _____ Táctil-Kinestésico

¿Cuáles son tres de tus fortalezas?

1.

2.

3.

¿Cuáles son tres de tus debilidades?

1.

2.

3.

¿Cuál es tu estilo de personalidad?

¿Qué haces por tu salud y bienestar?

¿Cómo resuelves problemas?

¿Qué ayuda necesitas para superar obstáculos?

¿Cuáles fueron los últimos tres libros que leíste?

Gracias por completar la Guía para conocerte.

CAMINO DE PREPARACIÓN ANTES DE SALIR EN LIBERTAD: AUTOCONCIENCIA

Cómo desarrollar la autoconciencia—Instrucciones del Inventario

Autoconciencia

¿Qué tal si creamos una situación en la que todos ganen? Comencemos con el inventario de autoevaluación. Complétalo antes de iniciar este viaje. Determinemos cuán consciente eres de ti mismo en este momento. Comencemos.

Inventario de autoevaluación previa

El ABC de la Prisión a las Posibilidades	Al comienzo del programa, califícate del 1 al 10; 1 es deficiente y 10 es excelente.	Plan de mejora/Recursos utilizados
A es de *actitud*. Muestra una actitud positiva.		
B es de *comportamiento*. ¿En qué comportamiento quieres trabajar primero?		
C es de *comunicación*. Sé un buen comunicador.		
D es de *toma de decisiones* Mejora tus habilidades para tomar decisiones.		
E es de *inteligencia emocional*. ¿Puedes mantener tus emociones bajo control?		

El ABC de la Prisión a las Posibilidades	Al comienzo del programa, califícate del 1 al 10; 1 es deficiente y 10 es excelente.	Plan de mejora/Recursos utilizados
F es de *finanzas*. Adquiere habilidades para administrar tu dinero.		
G es de *Establecer metas*. Concéntrate en las metas más importantes.		
H es de *salud*. En una escala del 1 al 10, ¿cuál es el estado actual de tu salud y bienestar?		
I es de *integridad*. Cumple tu palabra contigo mismo y con los demás ¿Pueden los demás confiar en ti al 100 por ciento?		
J es de *Jesús*. Defiende aquello en lo que crees.		
K es de conocimiento. Amplía tu base de conocimientos.		
L es de *Aprendizaje continuo*. Hazte responsable de tu aprendizaje continuo.		
M es de *mentalidad*. Explora. ¿Te gusta aprender de tus errores?		
N es de *conocimiento sobre nuevos medios*. ¿ Tienes habilidades para usar los nuevos medios?		
O es de *oportunidad*. Busca activamente nuevas oportunidades de vida y toma riesgos apropiados y legales.		

El ABC de la Prisión a las Posibilidades	Al comienzo del programa, califícate del 1 al 10; 1 es deficiente y 10 es excelente.	Plan de mejora/Recursos utilizados
P es de *trastorno de estrés postraumático (TEPT)*. Comprende tus desencadenantes y aprende estrategias que funcionen.		
Q es de *hacer preguntas*. Sé más curioso haciendo preguntas.		
R es de *resiliencia*. ¿Te adaptas o simplemente te rindes?		
S es de *autoconciencia*. Aumenta tu autoconciencia.		
T es de *gracias*. Demuestra agradecimiento y gratitud.		
U es de *comprensión*. Aprende a escuchar el punto de vista de los demás antes de compartir el tuyo.		
V es de *victoria*. ¿Celebras las victorias propias y ajenas?		
W es de *trabajo*. ¿Qué tan robusta es tu ética de trabajo?		
X es de *sensibilidad intercultural*. Aprecia y respeta las diferencias entre razas y culturas.		
Y es de *tu red*. Trabaja con otros y construye tu grupo de apoyo.		
Z es de *entusiasmo*. Amplía las oportunidades para incorporar entusiasmo a tu vida.		

INSTRUCCIONES PARA EL MENTOR

Bienvenido al programa del Taller de facilitación para mentores

Orientación del programa

Formularios

    Revisión del libro

    Actividades de escritura de autorreflexión

    Guía para conocerte

    Acuerdo del Mentor

    Autoevaluación

    De la A a la Z

Establece el horario semanal. Proporciona tu información de contacto al coordinador de la prisión.

Establece un horario de 1.5 horas para dar tiempo a que los hombres o mujeres lleguen al aula. Ten en cuenta que la reunión puede retrasarse debido a otras prioridades en la prisión. Solo necesitas 1 hora por semana para cada sesión. Serás mentor de un grupo pequeño de 1 a 4 personas.

Comparte las expectativas semanales con tus aprendices. Tanto tú como los aprendices deben estar preparados para leer el artículo, responder las preguntas y participar semanalmente en la discusión. Algunas semanas requerirán más preparación.

Programa semanal

Semana	Temas del mentor	Tarea para la semana siguiente
Semana 1	Guía para conocerte	Leer las páginas 1-34
Semana 2	Autorreflexión Comentar la sección de Autorreflexión	Leer las páginas 35-44 Completar el inventario de autoevaluación, leer A es de Actitud y completar las preguntas del aprendiz
Semana 3	A es de Actitud Comentar el artículo y hacer preguntas al mentor	
Semana 4	B es de Comportamiento Comentar el artículo y hacer preguntas al mentor	Las preguntas sobre comportamiento comienzan como una práctica diaria de rendición de cuentas.
Semana 5	C es de Comunicación Comentar el artículo y hacer preguntas al mentor	
Semana 6	D es de Toma de decisiones Comentar el artículo y hacer preguntas al mentor	
Semana 7	E es de Inteligencia emocional Comentar el artículo y hacer preguntas al mentor	
Semana 8	F es de Finanzas Comentar el artículo y hacer preguntas al mentor Crear un plan para después salir en libertad	
Semana 9	G es de Establecer metas Comentar el artículo y hacer preguntas al mentor	
Semana 10	H es de Salud Comentar el artículo y hacer preguntas al mentor	

Semana	Temas del mentor	Tarea para la semana siguiente
Semana 11	I es de Integridad Comentar el artículo y hacer preguntas al mentor	
Semana 12	J es de Jesús Comentar el artículo y hacer preguntas al mentor	
Semana 13	K es de Conocimiento Comentar el artículo y hacer preguntas al mentor Revisar la sección de Herramientas de Desarrollo Profesional	Completar lo siguiente: Ejercicio de solicitud de empleo Currículum orientado a tus capacidades Comprobantes de estudios/Certificados Crear una lista de Cartas de recomendación/Referencias
Semana 14	L es de Aprender Revisar los recursos del apéndice al final del libro páginas 179-180 para ver qué recursos necesitas que aún no tienes y comenzar a trabajar en obtenerlos	Leer la sección «Ya estoy contratado, ¿y ahora qué?»
Semana 15	M es de Mentalidad Comentar el artículo y hacer preguntas al mentor Comentar «Ya estoy contratado, ¿y ahora qué?» Reúnete virtualmente con el mentor para después de salir en libertad, encuentro inicial con el mentor actual	
Semana 16	N es de Conocimiento sobre nuevos medios O es de Oportunidad	
Semana 17	P es de Trastorno de estrés postraumático	

Semana	Temas del mentor	Tarea para la semana siguiente
Semana 18	Q es de Hacer preguntas	Leer la Sección de Desarrollo Profesional sobre: Higiene personal Apretón de manos Puntualidad Entrevistas Las preguntas desafiantes Estar preparado para practicar las preguntas de la entrevista
Semana 19	R es de Resiliencia Comentar el artículo y hacer preguntas al mentor Comentar la tarea de Desarrollo Profesional de la semana pasada	
Semana 20	S es de Autoconciencia Comentar el artículo y hacer preguntas al mentor Conocer al potencial mentor para después de salir en libertad y mantener contacto	
Semana 21	T es de Agradecimiento U es de Comprensión Comentar el artículo y hacer preguntas al mentor	
Semana 22	V es de Victoria W es de Trabajo Comentar el artículo y hacer preguntas al mentor	
Semana 23	X es de Sensibilidad intercultural Y es de Tu red Comentar el artículo y hacer preguntas al mentor	
Semana 25	Z es de Entusiasmo Comentar el artículo y hacer preguntas al mentor Autoevaluación de la A a la Z	Leer y revisar la Lista de verificación para la reintegración

Semana	Temas del mentor	Tarea para la semana siguiente
Semana 26	Lista de verificación y plan para la reintegración Comentar la Lista de verificación para la reintegración Transición coordinada al mentor de la iglesia en la ciudad donde vas a residir – planes para reuniones semanales durante tres meses después de salir en libertad	Elabora el plan definitivo ¿A qué ciudad regresarás? ¿Cómo llegarás allí? ¿Qué apoyo familiar tienes? ¿Qué iglesia de tu ciudad te brindará apoyo? ¿Dónde vivirás? ¿Qué entorno debes evitar para no regresar a prisión? ¿A qué programas necesitas tener acceso? ¿Qué es lo que más te preocupa?

CUALIDADES Y
HABILIDADES CLAVE

> *Dad gracias en toda circunstancia, porque esta es la voluntad de Dios para vosotros en Cristo Jesús.*
> —1 Tesalonicenses 5:18

La única diferencia entre un buen día y un mal día es tu actitud.

Cualquier día la vida puede ser un desafío para alguien. Nuestra actitud refleja quiénes somos. ¿Qué tan importante crees que es tener una actitud positiva? ¿Cuál es tu estado de ánimo cada día cuando te levantas y comienzas tu día o cuando estás a punto de acostarte? ¿Y durante el día? ¿A la gente le gusta estar cerca de ti? ¿Tienes una perspectiva positiva, o la gente te evita? ¿Deprimes a los demás? ¿Te rodeas de reclusos con actitudes negativas que te deprimen? ¿Te la pasas quejándote de todo? ¿La gente tiene que justificarte, diciendo cosas como ‹Bueno, así es él' o tratan de evitarte? ¿Drenas la energía de la unidad? ¡No seas un aguafiestas o un sabelotodo!

Jon Gordon escribió un artículo llamado «*How to Deal with Energy Vampires*» («Cómo lidiar con los vampiros de la energía») después de escribir su libro «*The Energy Bus*» («El autobús de la energía»). El punto es que no quieres que te conozcan como un «vampiro de la energía»: ¡una persona que absorbe toda la energía de la habitación! Uno se siente aburrido, abrumado y frustrado con este tipo de personas. Estas personas existen. Asegúrate de no ser uno de ellos. Recuerda, las malas actitudes son contagiosas, y las buenas también. ¿Cómo describirían las personas en tu vida tu actitud?

La definición de *actitud* según el diccionario es «una forma de pensar o sentir que se expresa a través de comportamientos». La actitud puede expresarse de diversas maneras, como la satisfacción laboral, la productividad, la innovación, el respeto, la disposición a ayudar y la moral general.

Todos tenemos puntos ciegos, así que cuanto más comiences a descubrir los tuyos y tomes medidas para mejorar, más confianza tendrás y más posibilidades surgirán. Nadie habla de los puntos ciegos. Piensa en esto: estás conduciendo un auto y sabes que tienes un punto ciego. Un día, mientras conduces, te distraes y comienzas a desviarte hacia otro carril. Dependiendo de las condiciones del camino y la rapidez con la que reacciones, las consecuencias pueden ser graves. Lo mismo sucede en tu vida. No puedes descubrir tus puntos ciegos sin la ayuda de las personas que te rodean, ¡así que pídeles ayuda! A veces la imagen que tenemos de nosotros mismos no siempre es precisa.

Comienza cada día con un diario de gratitud, una meditación positiva o afirmaciones. Escribe las cosas por las que estás agradecido, como tu familia, amigos, salud, etc. Sé específico. Cuanto más constante seas al comenzar cada día así, más mejorará tu actitud. Dar pequeños pasos cada día crea una mejor actitud. Una vez que encuentras la belleza en las pequeñas cosas, tu universo parecerá expandirse en mayor proporción.

Examina el lenguaje que usas. ¿Es positivo o negativo? Si tiende a ser negativo, empieza por cambiarlo. Piensa antes de decir algo en voz alta. Si te sientes enojado o frustrado, respira antes de hablar. Rodéate de personas positivas.

¿No te encanta estar con gente positiva? Busca lo bueno en las personas. Las personas positivas nos inspiran y motivan. Nos hacen sonreír. ¿Haces sonreír a los demás?

Algunas personas piensan que es genial quejarse siempre y hablar negativamente de todo.

¿Te juntas con gente que tienen mala actitud? ¿Cómo te afecta esto a ti y a tu actitud? ¿Qué deberías hacer para evitar que su mala actitud te afecte?

Haz un buen trabajo sin esperar nada a cambio. Ten disposición para perdonar. Aprende de tus errores y no seas tan duro contigo mismo. Cuando cometas un error, acostúmbrate a reflexionar sobre lo que la experiencia te ha enseñado, y luego sigue adelante. No te detengas en las cosas, personas o conversaciones negativas. Creo que parte de mi éxito es que no me detengo en los problemas. Actúo de inmediato y busco una solución. Mi consejo es que actúes, y el cambio de actitud llegará por sí solo.

John C. Maxwell escribió un libro titulado *Attitude 101: What Every Leader Needs to Know*. Este libro es una guía práctica y un excelente punto de partida para examinar tus pensamientos, sentimientos y comportamientos en el trabajo. Puedes determinar tus circunstancias con una actitud positiva. El primer paso hacia el liderazgo comienza por mejorar tu actitud en el trabajo, con la familia y los amigos. El cambio empieza contigo.

Cada día, momento a momento, tienes la oportunidad de elegir una actitud positiva, pase lo que pase.

REFERENCIAS

Brown, Les y Jim Rohn. n.d. *Why Attitude Is Everything.* https://www.youtube.com/watch?v=nbfFDnKkMvw.

Gordon, Jon. n.d. «How to Deal with an Energy Vampire.» *Jon Gordon's Weekly Newsletter.* http://www.jongordon.com/positive-tip-energy-vampires.html.

Gordon, Jon. 2007. *The Energy Bus: 10 Rules to Fuel Your Life, Work, and Team with Positive Energy.* Hoboken, NJ: Wiley.

Maxwell, John. 2003. *Attitude 101: What Every Leader Needs to Know.* Nashville, TN: HarperCollins Leadership.

«The Attitude Test.» n.d. https://www.3smartcubes.com/pages/tests/attitudetest/attitudetest_instructions/Online attitude assessments.

Preguntas de autoevaluación sobre la Actitud

Para prepararte para tu reunión semanal con tu mentor, responde estas preguntas previamente.

Preguntas	Escribe tus respuestas.
¿Qué tan consciente eres de ti mismo?	
¿Alguna vez has realizado una evaluación de actitud?	
Pregúntale a tu familia, amigos, maestros, consejeros, directores y personas cercanas sobre tu actitud. ¿Qué dirían? Entrevista a 5 personas de confianza que te den una opinión sincera sobre tu actitud.	
¿Qué dirían tus consejeros, maestros o personal penitenciario sobre tu actitud? Si no lo sabes, pregúntales.	
¿Qué diría tu familia sobre tu actitud? Si no lo sabes, pregúntales.	
Cuando te enfrentas a un obstáculo en la vida, ¿cómo manejas una situación difícil?	
¿Te consideras una persona adaptable? Si es así, da un ejemplo.	
Cuando pierdes el rumbo o te estresas, ¿qué haces para volver a encaminarte?	
¿Cuáles son tus fortalezas para mantener una actitud positiva?	
Según los comentarios que recibiste en las cinco entrevistas con personas cercanas, ¿en qué área podrías mejorar tu actitud?	
¿Qué paso concreto puedes dar para mejorar en esa área?	
¿Cómo sabrás que estás progresando?	

Preguntas del mentor sobre la Actitud

Preguntas para el aprendiz:	Anota las respuestas del aprendiz.
Describe tu actitud según el inventario de autoevaluación.	
¿Qué aprendiste sobre ti mismo de las entrevistas sobre actitud que realizaste? ¿A cuántas personas entrevistaste y quiénes eran?	
¿Te sorprendió algún comentario?	
¿Qué paso concreto puedes dar para mejorar tu actitud?	
¿Cómo medirás tu progreso en este aspecto?	
¿Cómo puedo apoyarte?	
¿Qué aspectos de la sesión de mentoría funcionaron bien?	
¿Hubo algún desafío durante la sesión?	
Tarea para la próxima semana:	

B ES DE COMPORTAMIENTO

> ¿Quién es sabio y entendido entre vosotros?
> *Que muestre por su buena conducta sus obras en la*
> *mansedumbre de la sabiduría.*
> —Santiago 3:13

Al emprender un cambio de comportamiento, debes asegurarte de tener clara la conducta que quieres modificar, así lo señala Trudi Griffin (6 de noviembre de 2020). Debes establecer metas claras. Estas deben ser específicas, medibles, oportunas, y después crear un plan. Evita hacer demasiados cambios a la vez. Piensa de manera positiva. Recuérdate los beneficios de hacer el esfuerzo. Deja de culparte. Cada día es una nueva oportunidad. Reflexiona sobre los beneficios de hacer el cambio. ¿Qué es posible si logras este cambio? ¡Elige comportamientos que *tú* realmente quieras cambiar! Pregúntate: «¿Hay alguien más presionándome para cambiar o no cambiar un comportamiento?»

Uno de los enfoques más efectivos para el cambio de comportamiento es el que enseña el Dr. Marshall Goldsmith, el coach ejecutivo número uno del mundo. Su método se centra en cambiar primero el comportamiento y luego las percepciones de las personas en nuestras vidas. A menudo creemos que nos mostramos de cierta manera frente a los demás, pero ellos pueden ver cosas en nosotros que nosotros no percibimos. Estos son los puntos ciegos. Con la ayuda de un coach, estos puntos ciegos pueden descubrirse de manera positiva y mejorar el rumbo de tu vida en todos los aspectos.

Como coach certificada de Marshall Goldsmith, he comprobado personalmente con mis clientes el poder del enfoque de coaching centrado en las personas importantes. Las personas importantes son aquellas más cercanas a ti con las que interactúas a diario. Algunos ejemplos son tu jefe en el trabajo, empleados, compañeros y seres queridos. Sin embargo, la primera regla del coaching es que el cliente (es decir, tú) debe hacer un esfuerzo sincero por cambiar y estar abierto al proceso de coaching.

El Dr. Goldsmith trabaja con CEOs líderes a nivel mundial, y menciona que una de las razones por la que son tan efectivos liderando es porque siempre buscan formas de mejorar. Nunca se conforman con el estado actual de las cosas. Entonces, ¿qué es el coaching conductual? Este tipo de coaching se centra en cambiar comportamientos.

Una vez que decides el área en la que deseas mejorar, es fundamental involucrar a las personas importantes en tu vida. Este enfoque también se centra en el futuro, no en el pasado. Como parte del proceso de coaching, los participantes crean una lista de personas importantes en su vida. Estas son personas a las que admiras o que te darán su honesta opinión, como un maestro, un líder religioso, un consejero, un director de la prisión, un oficial de libertad condicional o un familiar de confianza.

Si estás leyendo este libro, es muy probable que aún te encuentres en prisión. ¿Cómo podrías comenzar a aplicar este enfoque ahora mismo? Primero, con tu mentor, identifica un comportamiento del ejercicio de escritura sobre fortalezas de carácter que completaste en el que quieres seguir trabajando mientras estás en prisión.

- o Mejorar en asumir la responsabilidad de todas tus acciones
- o Ser agradecido por todo en tu vida
- o Decir la verdad y ser honesto en todas las interacciones
- o Perdonarte a ti mismo y a los demás
- o Controlar tus emociones y tus respuestas a las situaciones
- o Creer y apreciar tu propia singularidad y potencial
- o Tener fe en que tu Creador tiene un propósito para tu vida

Haz una lista de las personas con las que interactúas regularmente. Puede incluir al personal de la unidad penitenciaria, compañero de celda, otros reclusos en las clases que tomas, un maestro, ministro, familiar, etc. La lista ideal debería incluirte a ti y a otras cinco a siete personas. Estas son personas que pueden ayudarte en tu camino, que deberían ser útiles y brindarte apoyo, y estar dispuestas a dejar el pasado atrás. Las llamaremos *personas importantes*.

Una versión muy simplificada de este proceso es pedirle a cada persona importante si estaría dispuesta a ser tu socio de desarrollo, ser honesto contigo y proporcionarte sugerencias prácticas una vez al mes, con quien puedas trabajar durante un mínimo de seis meses. La disciplina consiste en reunirte con cada persona importante mensualmente. Recuérdales en qué estás trabajando. Pregúntales si observan progreso, si no notan cambios o si estás retrocediendo. Según tu comportamiento del mes anterior, pídeles ideas o sugerencias prácticas que podrías intentar el próximo mes. Da las gracias (esto no es un debate) ¡No discutas con tus personas importantes! ¡Les pediste su opinión, así que acéptala!

En función de las opiniones iniciales que recibas, elabora un plan de acción para esta unidad con la ayuda de tu mentor.

Plan de Acción de Comportamiento

Comportamiento	Sugerencias	Personas	Educación
¿En qué comportamiento te enfocarás durante los próximos seis meses?	Coloca aquí las sugerencias de cada persona importante.	Reúnete con tus personas importantes una vez al mes. Reúnete con tu mentor semanalmente. Utiliza las preguntas diarias y califica tu progreso (ver ejemplo en la siguiente página).	Un recurso proporcionado por tu mentor para ayudar en tu progreso, como un libro, artículo de revista, etc.

Opciones de comportamiento

Elige uno de los mencionados en la página anterior.

Otra herramienta efectiva que Marshall Goldsmith utiliza personalmente y recomienda a todos sus clientes es el uso de preguntas diarias. El Dr. Goldsmith ha practicado esto durante más de veinte años. Es una forma de enfocarse en lo que está trabajando, crear responsabilidad y desarrollar memoria muscular.

Lo que he observado personalmente es que, al principio, el ejercicio puede resultar un poco incómodo. Después de unos meses, internalizas las preguntas, se convierten en parte de tus pensamientos diarios. A medida que esto sucede, los cambios de comportamiento empiezan a ocurrir naturalmente. Esta herramienta es una excelente manera de dar seguimiento a tu progreso. Este es un ejemplo de preguntas que puedes crear para ti. Estas preguntas deben apoyar lo que es importante para ti. Es una forma de desarrollar memoria muscular y mantener visible aquello en lo que estás trabajando, para que no desaparezca.

Instrucciones:

- Utiliza preguntas diarias durante los próximos seis meses.
- Hazte cada pregunta.
- Califica tu progreso diario para cada pregunta (1=deficiente, 5=promedio y 10=excelente).

Preguntas diarias: Es una herramienta para crear hábitos. Te ayudará a mantener tu compromiso de cambiar.

Preguntas de ejemplo (pueden modificarse para ajustarse al comportamiento en el que estás trabajando— escribe 5 o 6 preguntas que se adapten a ti)	Lunes	Martes	Miércoles	Jueves	Viernes	Sábado	Domingo
¿Estás haciendo todo lo posible para asumir la responsabilidad de tus acciones?	8						
¿Has hecho todo lo posible para ser consciente de tus emociones y controlar tu respuesta?	7						
¿Estás haciendo todo lo posible para enfocarte en tu propósito?	9						
¿Estás haciendo todo lo posible para establecer metas diarias y avanzar en ellas?	10						
¿Estás haciendo todo lo posible para creer en tu valor personal y en que eres único?	7						

Ahora crea tu plantilla según el comportamiento en el que estás trabajando. (Crea preguntas que refuercen el comportamiento diariamente).

Preguntas de ejemplo (pueden modificarse para ajustarse al comportamiento en el que estás trabajando—escribe 5 o 6 preguntas que se adapten a ti)	Lunes	Martes	Miércoles	Jueves	Viernes	Sábado	Domingo
¿Estás haciendo todo lo posible para							
¿Estás haciendo todo lo posible para							
¿Estás haciendo todo lo posible para							
¿Estás haciendo todo lo posible para							
¿Estás haciendo todo lo posible para							

Utiliza preguntas diarias durante los próximos seis meses.

Hazte cada pregunta.

Califica tu progreso diario para cada pregunta (1=deficiente, 5=promedio y 10=excelente).

Aunque hay innumerables comportamientos en los que trabajar, todos podemos cambiar. Comienza con uno que realmente impacte el futuro de tu vida. ¡Sabemos que es posible!

REFERENCIAS

Goldsmith, Marshall. 2020. «Stakeholder-Centered Coaching.» https://www.marshallgoldsmith.com.

Griffin, T. 2020. «How to Change Behavior» (Noviembre 6, 2020). https://www.wikihow.comChange-Behavior.

Preguntas de autoevaluación sobre el Comportamiento

Preguntas	Respuestas
¿Estás dispuesto a recibir coaching? ¿Por qué consideras que sí o que no?	
¿Tienes el valor, la humildad y la disciplina para asumir este reto?	
¿Qué comportamiento específico te gustaría mejorar?	
¿Qué puedes empezar a hacer diferente desde ahora?	
¿Qué deberías empezar a hacer?	
¿Qué deberías dejar de hacer?	
¿Qué deberías seguir haciendo?	
¿Qué posibilidades se abrirían en tu vida si logras este cambio?	
¿Qué podría impedirte realizar este cambio?	
¿Qué te ha costado no haber hecho este cambio hasta ahora?	
¿A qué personas importantes de tu vida consultarías para saber su opinión?	
¿Cuáles una o dos preguntas añadirías a la evaluación diaria para reforzar el cambio de comportamiento que deseas lograr?	

Preguntas del Mentor sobre el Comportamiento

Preguntas para el aprendiz:	Anota las respuestas del aprendiz.
¿Estás dispuesto a recibir coaching? ¿Por qué consideras que sí o que no?	
¿Tienes el valor, la humildad y la disciplina para asumir este reto?	
¿Qué comportamiento específico te gustaría mejorar?	
¿Qué puedes empezar a hacer diferente desde ahora?	
¿Qué deberías empezar a hacer?	
¿Qué deberías dejar de hacer?	
¿Qué deberías seguir haciendo?	
¿Qué posibilidades se abrirían en tu vida si logras este cambio?	
¿Qué podría impedirte realizar este cambio hasta ahora?	
¿Qué te ha costado no haber hecho este cambio hasta ahora?	
¿Cuáles una o dos preguntas añadirías a la evaluación diaria para reforzar el cambio de comportamiento que deseas lograr?	
¿Cómo vas con las preguntas diarias de comportamiento?	
Tarea para la próxima semana:	

> *Que todo lo que digas sea bueno y provechoso,*
> *para que tus palabras sirvan de aliento para*
> *quienes las escuchen.*
> *—Efesios 4:29*

Cuando los hombres y mujeres salen de prisión, enfrentan desafíos únicos de comunicación mientras se reintegran a la sociedad. Existen diversos aspectos que requieren ajuste, como las destrezas sociales, el estigma, el desarrollo de la confianza, la expresión emocional, la adaptación a la tecnología, el lenguaje, la escucha activa, el manejo de conflictos y el comportamiento no verbal.

- Destrezas y normas sociales: Después de una larga permanencia en un entorno penitenciario, puede ser difícil adaptarse a las normas y expectativas sociales fuera del sistema correccional. Es posible que necesiten apoyo para comprender las formas adecuadas de comunicación, el lenguaje corporal y las interacciones sociales en general.
- Estigma y discriminación: Tanto hombres como mujeres pueden enfrentar estigmatización y discriminación por su pasado en prisión. Esto puede afectar su capacidad para comunicarse de manera efectiva y establecer relaciones saludables con compañeros, colegas y posibles empleadores.
- Desarrollo de la confianza: Las personas que se reintegran a la sociedad después de la prisión suelen enfrentar escepticismo y desconfianza por parte de los demás. Pueden experimentar dificultades para establecer confianza y ser percibidos como comunicadores creíbles.
- Expresión emocional: El encarcelamiento puede llevar a la supresión emocional y limitar las oportunidades de expresión. Para los hombres puede resultar especialmente difícil abrirse y comunicar sus emociones después de haber sido condicionados a ocultar su vulnerabilidad. Es crucial fomentar la expresión emocional y brindar un espacio seguro para la comunicación.
- Adaptación a la tecnología: Al estar en prisión, las personas no han podido mantenerse al día con los avances tecnológicos, lo que les dificulta el uso de las herramientas y plataformas de comunicación actuales. Ayudarlos a entender y navegar la tecnología puede ser importante para comunicarse eficazmente en diversos aspectos

de la vida, incluida la búsqueda de empleo y el mantenimiento del contacto con sus redes de apoyo.

- Lenguaje y jerga: El lenguaje y la jerga utilizados en prisión pueden diferir significativamente del lenguaje cotidiano. Las personas podrían necesitar ayuda para adaptar su estilo de comunicación a las normas lingüísticas de la sociedad, especialmente en entornos profesionales.
- Escucha activa y empatía: La comunicación efectiva implica escucha activa y empatía. Haber pasado mucho tiempo en un entorno donde estas destrezas no se valoraban ni se practicaban constantemente puede dificultar la participación en conversaciones significativas. Fomentar y enseñar estas destrezas puede mejorar su capacidad para conectarse con los demás.
- Resolución de conflictos: Las estrategias de resolución de conflictos aprendidas en prisión, como la agresión o la evasión, pueden no ser efectivas ni aceptadas fuera de ese entorno. Brindar orientación en técnicas saludables de resolución de conflictos puede ayudarlos a manejar los conflictos de manera constructiva.
- Comunicación no verbal: Los matices de la comunicación no verbal, como el lenguaje corporal y las expresiones faciales, pueden haberse alterado durante el encarcelamiento. Ayudar a las personas a reaprender e interpretar las señales no verbales puede ser crucial para una comunicación exitosa. Un ejemplo es el contacto visual. En prisión, mirar a alguien a los ojos no era seguro. Fuera de prisión, la falta de contacto visual puede generar desconfianza. Hay mucho que desaprender y volver a aprender.

Las personas que han estado en prisión deben aprender a comunicarse de manera efectiva para reintegrarse exitosamente a la sociedad. La importancia de esto se acentúa debido a factores que pueden obstaculizar su adaptación a la sociedad, como bajos niveles de alfabetización, problemas emocionales y mentales, y la ira que afecta tanto la comunicación como las percepciones negativas de la sociedad en general (Contreras, R. A., junio 2018, CSUSB Scholarworks).

Algunas personas que han estado en prisión pueden adaptarse al recuperar la libertad y llevar una vida productiva si aprenden a comunicarse de manera efectiva.

Estos son algunos consejos para la comunicación:

- Sé honesto.
- Muestra respeto.
- Habla con lenguaje sencillo.
- Tu forma de vestir comunica.
- No engañes.
- Sé tú mismo.

Para un mentor, es fundamental abordar estos desafíos con sensibilidad, reconociendo las experiencias y necesidades únicas de cada persona. Adaptar el apoyo y la capacitación en comunicación para abordar estos retos específicos puede mejorar significativamente la reintegración exitosa a la sociedad.

Las dificultades en la comunicación te crean problemas. Has leído «A de Actitud», «B de Comportamiento» y «C de Comunicación»; ¿cómo te evaluarías? ¿Cuáles son tus oportunidades de mejora personal? Has dado los primeros tres pasos para ser más consciente de quién eres y en quién puedes convertirte. ¡Sigamos adelante!

REFERENCIAS

«Communication Skills: How to Improve Communication Skills, 7 Tips.» https://www.youtube.com/watch?v=mPRUNGGORDo.

Dale Carnegie. https://www.dalecarnegie.com/en/topics/people-skills.

Improve your Listening Skills with Active Listening by Mindtools.com. https://www.youtube.com/watch?v=t2z9mdX1j4A.

Mehrabian, Albert. «Communication Model» in «7 38 55 rule of Communication,» by P. Mulder. https://www.toolshero.com/communication-skills/communication-model-mehrabian/.

Preguntas de autoevaluación sobre la Comunicación

Preguntas	Respuestas
Califica tus habilidades de comunicación del 1 a 10, donde 1 es deficiente y 10 es excelente: _____Escucha activa _____Expresión oral _____Expresión escrita _____Habilidades sociales _____Respeto a la diversidad _____Comunicación no verbal _____Lenguaje corporal _____Tono de voz _____Capacidad de generar confianza _____Conciencia emocional _____Capacidad de adaptación a la tecnología (computadoras, celulares, mensajería) _____Capacidad para manejar conflictos de manera constructiva	
¿Cuál área debes comenzar a mejorar primero?	
¿En qué aspectos podrías mejorar tu comunicación durante tu estadía en prisión? ¿En qué aspectos podrías mejorar tu comunicación en casa o en el trabajo?	
¿Qué recursos externos te ayudarían a mejorar en esta área?	
¿Has participado en grupos como Toastmasters, Dale Carnegie, has leído libros sobre comunicación, has visto videos en YouTube sobre el tema, has usado aplicaciones de comunicación o tomado cursos de desarrollo personal para mejorar tu comunicación?	

Preguntas del Mentor sobre la Comunicación

Preguntas para el aprendiz:	Anota las respuestas del aprendiz.
Describe tus fortalezas en comunicación.	
Describe tus debilidades en comunicación. ¿Cuáles son tus planes para mejorar en estas áreas?	
¿Qué tan importante consideras que son las habilidades de comunicación efectiva en la vida?	
¿Has participado en grupos como Toastmasters, Dale Carnegie, has leído libros sobre comunicación, has visto videos en YouTube sobre el tema, has usado aplicaciones de comunicación o tomado cursos de desarrollo personal para mejorar tu comunicación?	
¿Estarías dispuesto a participar en alguna de estas actividades para mejorar?	
¿Qué acción concreta puedes tomar para mejorar en esa área?	
¿Cómo sabrás que estás progresando?	
Tarea para la próxima semana:	
¿Cómo vas con las preguntas diarias de comportamiento?	

D ES DE TOMA DE DECISIONES

> *¿Busco ahora el favor de los hombres, o el de Dios?*
> —Gálatas 1:10

Muchas veces tomamos decisiones a partir de nuestra propia experiencia. A veces funcionan, y otras no. Algunas decisiones son triviales, y otras cambian la vida. Cualquier decisión que tomes puede cambiar el rumbo de tu vida. Si has tomado decisiones de las que te arrepientes, ¿qué puedes aprender de ellas para el futuro?

Según Tasha Rube (2020, 1), es un proceso de dos pasos. El primer paso es enmarcar la decisión y luego tomarla. Paso uno, enmarcar la decisión: describe el problema y luego controla tus emociones. Tomar decisiones cuando te domina la emoción nunca es una buena idea. Aborda la situación con una mente racional y con objetividad. No te sobrecargues de información. Prioriza lo que sabes.

Hay personas que sobreanalizan la situación, y eso lleva a la parálisis por análisis. En su lugar, usa la regla del 80/20. Si tienes el 80 por ciento de la información que necesitas, probablemente puedas tomar una decisión informada. A veces, retrasar una decisión para obtener información adicional puede crear nuevos problemas. Considera múltiples opciones. Haz una lista de todo lo que se te ocurra. Considera los pros y los contras. Considera los riesgos y las recompensas.

El paso dos es tomar la decisión. Reconoce que tienes tus propios sesgos internos. Mira el problema desde diferentes perspectivas. Pide consejos. Aunque elijas una solución fácil, ten presente que podría no ser la mejor.

Crea un plan de acción. Escribe los pasos.

Sé consecuente con lo que has decidido; no dudes de ti mismo. Una vez que tomes la decisión y sigas adelante, evalúala. Finalmente, ten un plan alternativo. Considera las cosas que podrían no salir como lo esperabas.

Ahora pongamos esto en práctica esta semana. ¿Qué decisión necesitas tomar?

REFERENCIAS

Rube, T. 2020. «How to Make Better Decisions» (Noviembre 12). https://www.wikihow.com/Mke-Better-Decisions

Preguntas de autoevaluación sobre la Toma de decisiones

Preguntas	Respuestas
¿Qué decisión necesitas tomar?	
¿Cuál es tu motivación para tomar la decisión? Entender tu motivación puede evitar que tomes una mala decisión. Define el problema.	
Si tuvieras que decidir ahora mismo, ¿podrías hacerlo objetivamente o sientes que tus emociones interferirían?	
Respira profundo y escribe todas las opciones que tienes. Considera los pros y los contras. ¿Cuáles son?	
¿Estarías dispuesto a participar en alguna de estas actividades para mejorar?	
Imagina que le das consejos a un amigo o familiar. ¿Qué les aconsejarías si enfrentaran esta misma decisión? (A veces somos mejores dándoles consejos a los demás que siguiendo nuestros propios consejos.)	
¿Cuáles son los riesgos y las recompensas si tomas esta decisión?	
¿Qué sesgos aportas al tomar esta decisión?	
Crea un plan de acción.	
¿Qué decidiste?	
Después de tomar la decisión, evalúa el resultado. ¿El resultado cumplió tus expectativas? ¿Qué podrías haber hecho mejor? ¿Qué puedes aprender de esto?	

Preguntas del Mentor sobre la Toma de decisiones

Preguntas para el aprendiz:	Anota las respuestas del aprendiz.
¿Qué decisión necesitas tomar?	
¿Cuál es tu motivación para tomar la decisión? Entender tu motivación puede evitar que tomes malas decisiones. Define el problema.	
Si tuvieras que decidir ahora mismo, ¿podrías hacerlo objetivamente o sientes que tus emociones interferirían?	
Respira profundo y escribe todas las opciones que tienes. Considera los pros y los contras. ¿Cuáles son?	
¿Estarías dispuesto a participar en alguna de estas actividades para mejorar?	
Imagina que le das consejos a un amigo o familiar. ¿Qué les aconsejarías si enfrentaran esta misma decisión? (A veces somos mejores dándoles consejos a los demás que siguiendo nuestros propios consejos.)	
¿Cuáles son los riesgos y las recompensas si tomas esta decisión?	
¿Qué sesgos aportas al tomar esta decisión?	
Crea un plan de acción.	
¿Qué decidiste?	
Después de tomar la decisión, evalúa el resultado. ¿El resultado cumplió tus expectativas? ¿Qué podrías haber hecho mejor? ¿Qué puedes aprender de esto?	

Preguntas para el aprendiz:	Anota las respuestas del aprendiz.
Tarea para la próxima semana:	
¿Cómo vas con las preguntas diarias de comportamiento?	

> *El cambio nunca es doloroso.*
> *Solo la resistencia al cambio lo es.*
> —Buda

La definición de *inteligencia emocional* es «la capacidad de ser consciente, controlar y expresar las propias emociones y manejar las relaciones interpersonales con empatía» (*Oxford Languages Dictionary*). El estado que realmente deseas alcanzar es la ecuanimidad. La ecuanimidad se define como la calma mental, la serenidad y el equilibrio temperamental.

Todos experimentamos emociones. Lo que hacemos con esas emociones nos diferencia de los demás. Quizás sepas que el CI (coeficiente intelectual) es importante, pero el CE (inteligencia emocional; coeficiente emocional) es aún más crítico. Mike Robbins (2018), autor de *Bring Your Whole Self to Work*, relata que Jeff, quien es gerente de talento en Adobe, dijo como orador principal: «Tu CI podría abrirte las puertas, pero el CE es lo que te conseguirá un ascenso». Daniel Goleman señaló que el éxito de un líder se compone de dos tercios de inteligencia emocional y un tercio de coeficiente intelectual. Entonces, ¿qué significa esto para ti en tu vida?

Cuando no controlamos nuestras emociones, nos comportamos de formas que normalmente no lo haríamos. Las emociones se componen de sentimientos que provocan cambios físicos y psicológicos que influyen en el pensamiento y el comportamiento. ¿Qué es la inteligencia emocional? Es saber gestionar nuestras emociones con inteligencia. Consiste en ser consciente, controlar y expresar las propias emociones y manejar bien las relaciones con los demás. La inteligencia emocional es una combinación de habilidades personales y sociales. Dentro de las habilidades personales, están la autoconciencia y la autogestión. Dentro de las habilidades sociales, están la conciencia social y la gestión de relaciones.

- La autoconciencia es la capacidad de reconocer y comprender tus propias emociones cuando surgen y reconocer tus tendencias generales de reaccionar ante personas y situaciones.
- La autogestión es usar el conocimiento de tus emociones para elegir tus palabras y acciones de manera que orienten positivamente tu comportamiento y tus reacciones.
- La conciencia social es comprender la perspectiva de la otra persona, estés o no de acuerdo.

- La gestión de relaciones es usar el conocimiento de las emociones de la otra persona para elegir tus palabras y acciones de manera que orienten positivamente tu comportamiento.

La inteligencia emocional no se desarrolla de la noche a la mañana. Es una habilidad que se cultiva y se practica con el tiempo. Piensa en alguien que admires por su inteligencia emocional. Observa y aprende de su ejemplo. Además, para conocerte mejor, puedes hacer una evaluación gratuita de inteligencia emocional en línea o leer el libro *Emotional Intelligence* de Daniel Goleman.

La inteligencia emocional y la serenidad son fundamentales para que un excluso logre reintegrarse exitosamente a la sociedad. Te explicamos por qué:

¿Qué es la Inteligencia Emocional y cómo desarrollarla?
La inteligencia emocional es la habilidad de identificar, comprender y gestionar tanto nuestras emociones, así como las de los demás. Los exclusos que han desarrollado esta habilidad están mejor preparados para enfrentar las distintas situaciones que surgen durante su proceso de reinserción. Saben manejar el estrés, mantener buenas relaciones con los demás y tomar decisiones acertadas. *Emotional Intelligence 2.0* y *EQ Difference* son libros excelentes para seguir desarrollándote en este aspecto, si los tienen en la biblioteca

¿Cómo desarrollar la empatía?
La empatía es un componente esencial de la inteligencia emocional. Permite a los exclusos comprender los sentimientos y emociones de los demás, especialmente de sus familias y seres queridos, afectados también por este proceso. Esto ayuda a forjar relaciones más sólidas y significativas con otros y genera un sentido de pertenencia.

¿Cómo desarrollar más la resiliencia? La reinserción exitosa en la sociedad requiere resiliencia, que es la capacidad de recuperarse de los contratiempos y sobreponerse a las dificultades. Piensa en los obstáculos que ya has superado. ¿Cómo lo lograste? Ya tienes estrategias que han demostrado ser efectivas. ¿Quién fue tu grupo de apoyo? ¿Qué decisiones tomaste? ¿Qué soluciones encontraste? Los exclusos necesitan fortaleza psicológica para superar los desafíos que puedan enfrentar durante la transición. La serenidad ayuda a desarrollar la resiliencia al permitirles mantener la calma y la compostura incluso en situaciones difíciles.

¿Cómo manejar la ira y las frustraciones?
Manejar la ira y la frustración es un aspecto fundamental de la inteligencia emocional. Los exclusos que han aprendido a manejar su ira y frustraciones tienen más probabilidades de evitar conflictos y mantener una conducta apropiada. Al comprender sus desencadenantes y practicar técnicas de control emocional, pueden manejar mejor sus emociones y comunicarse de manera más efectiva. ¿Qué programas hay disponibles en la prisión para aprender a manejar esto ahora?

¿Qué beneficios obtienes al desarrollar tu inteligencia emocional? Puedes mejorar tus relaciones, sentirte más seguro, conocerte mejor, ser menos impulsivo, sentirte feliz con más frecuencia y desarrollar habilidades sociales (Nalin 2017, 4). Reflexionando sobre tu vida, ¿cuándo tus emociones te impidieron hacer lo correcto? ¿O cuándo tomaste decisiones a partir de tus emociones en lugar de ser objetivo, y cuál fue el resultado?

En resumen, la inteligencia emocional y la serenidad pueden ayudar a los exreclusos a desarrollar una serie de habilidades emocionales que son fundamentales para una reinserción exitosa en la sociedad. Estas habilidades les permiten construir mejores relaciones, manejar el estrés y tomar mejores decisiones.

REFERENCIAS

«Emotional Intelligence Test. » The Global Leadership Foundation.
    https://globalleadershipfoundation.com/geit/eitest.html
«Emotional Intelligence. » Video de YouTube por The Life School.
    https://www.youtube.com/watch?v=LgUCyWhJf6s.
«Emotional Intelligence. » Vídeo de YouTube con Daniel Goleman.
    https://www.youtube.com/watch?v=Y7m9eNoB3NU.

Preguntas de autoevaluación sobre la Inteligencia Emocional

Preguntas	Respuestas
Realiza la evaluación de IE en línea. ¿Qué descubriste sobre ti al completar la evaluación de IE?	
¿Cuál es tu estado de ánimo hoy? ¿A qué se debe?	
¿De qué manera crees que la inteligencia emocional influirá en tu vida?	
Describe cómo te ves a ti mismo. Menciona tus puntos fuertes, tus áreas de mejora, tus emociones y lo que te motiva. ¿En general, tienes una imagen positiva o negativa de ti mismo?	
Escribe tu nombre y apellido. Con las letras de tu nombre, forma palabras que reflejen tus cualidades positivas.	
Escribe sobre una ocasión en que dejaste que tus emociones te dominaran. ¿Cómo te sentiste después?	
¿Qué situaciones te estresan? ¿Sabes identificar cuándo te vas a estresar? ¿Sabes cómo manejarlo?	
¿Qué esperas de tus relaciones personales y laborales?	

Preguntas del Mentor sobre la Inteligencia Emocional

Preguntas para el aprendiz:	Anota las respuestas del aprendiz.
¿Qué descubriste sobre ti al completar la evaluación de IE?	
Completa lo siguiente: Me siento más feliz cuando... Siento vergüenza cuando... Me juzgo a mí mismo cuando...	
¿De qué manera crees que la inteligencia emocional influirá en tu vida?	
Describe cómo te ves a ti mismo. Menciona tus puntos fuertes, tus áreas de mejora, tus emociones y lo que te motiva. ¿En general, tienes una imagen positiva o negativa de ti mismo?	
Cuéntame sobre una ocasión en que dejaste que tus emociones te dominaran. ¿Cómo te sentiste después?	
¿Qué te hace perder el control? ¿Cómo manejas la ira?	
¿Qué situaciones te estresan? ¿Sabes identificar cuándo te vas a estresar? ¿Sabes cómo manejarlo?	
¿Con qué rapidez te frustras o te enojas?	
¿Qué esperas de tus relaciones personales y laborales?	
Tarea para la próxima semana:	
¿Cómo vas con las preguntas diarias?	

F ES DE FINANZAS

> *Padre Dios, elevamos ante ti a quienes atraviesan difi-*
> *cultades económicas. Te pedimos que proveas empleo*
> *a quienes lo necesitan y continúes bendiciendo a tus*
> *hijos para que puedan seguir siendo una bendición para*
> *los demás. En el nombre de Jesús, Amén.*

¿Por qué es importante elaborar un presupuesto? Probablemente no seas experto en finanzas ya que no suele enseñarse en las escuelas. La excepción sería si trabajabas en el sector financiero antes de tu encarcelamiento y esa es la razón por la que estás en prisión. En cualquier caso, tu vida ha cambiado drásticamente. ¿Qué tanto sabes de finanzas? Aquí es donde tu mentor puede ayudarte a preparar planes para antes y después de salir de prisión adaptados a la realidad de tu situación.

Algunas personas evitan ocuparse del presupuesto, lo cual siempre es un error. Necesitamos desarrollar buenos hábitos financieros y nunca es tarde para empezar. Las estrategias financieras inteligentes no tienen que ver con el género, la edad, el origen étnico o el estado civil. Saber no es suficiente. Todos necesitamos practicar y desarrollar buenos hábitos diarios. Puedo decir que sé mucho sobre dietas o alimentación saludable, pero si no aplico lo que sé, no sirve de nada. Lo mismo ocurre con la educación financiera. Debemos fortalecer ese músculo financiero.

Los errores financieros comunes surgen cuando no te preparas, gastas en exceso, no elaboras un presupuesto, usas una tarjeta de crédito sin tener el dinero, recurres a prestamistas que cobran intereses exorbitantes, no distingues entre necesidades y deseos, no investigas antes de hacer compras y tomas decisiones guiadas por las emociones.

Administrar a dónde va tu dinero, independientemente de tus ingresos, es fundamental. Un ejemplo sencillo es cuando te dices: «Quiero una bebida tamaño grande de un restaurante de comida rápida todos los días. Realmente no la necesito». Digamos que cuesta dos dólares: $2 al día por 365 días = $730. ¿Qué podrías hacer con esos $730? O quieres una cajetilla de cigarrillos. El precio promedio de una cajetilla es $7: 365 días × $7 =$2,555. ¿Qué podrías hacer con esos $2,555 si no compraras cigarrillos? ¿Abrir una cuenta de ahorros? Los gastos pequeños se van sumando, así que hay que estar atento.

Lleva un registro de tus gastos y guarda los recibos para saber en qué gastas el dinero cuando salgas en libertad.

Empecemos por crear dos presupuestos para cuando salgas de prisión, donde te entregarán $100.

¿Cómo planeas utilizarlos?

Gastos inmediatos	Monto	Opciones (costos diferentes)
Transporte		Por ejemplo: Autobús; amigos, otros, caminar, etc.
Comida		
Vivienda		Casa de transición, albergue, casa de amigos, otros
Total	$100	

Ahora hagamos un presupuesto para los tres primeros meses después de tu salida. Supongamos que tienes un trabajo donde ganas $2,000 al mes.

Gastos	Monto	Opciones	Cambios
Vivienda		Vivir con familiares, compartir con un compañero, vivir solo (tienen costos diferentes)	
Transporte		A pie/bicicleta; transporte público; auto/seguro de automóvil	
Comida		Alimentos y gastos del hogar; comer fuera una vez por semana	
Artículos personales		Necesidades básicas; ropa	
Teléfono		Celular/plan	
Deudas		Sin deudas, guardería, manutención, gastos legales, tarjeta de crédito	
Entretenimiento		Ninguno; Netflix; cine	
Gastos mensuales totales			

El total no debe superar tus ingresos mensuales. Recuerda que te descontarán impuestos de tu sueldo, así que calcula tu ingreso neto real. ¿De qué cosas podrías prescindir?

Preguntas de autoevaluación sobre Finanzas

Preguntas	Respuestas
¿Qué tanto sabes de finanzas?	
¿Qué aprendiste al hacer el primer ejercicio de presupuesto con $100?	
¿Qué aprendiste al elaborar un presupuesto trimestral?	
¿Cuáles son tus metas financieras?	
¿Qué errores financieros has cometido? ¿Cómo puedes evitarlos en el futuro?	
¿Qué compras impulsivas has hecho?	
¿Cómo piensas ganarte la vida?	
¿De qué formas legales podrías obtener ingresos adicionales?	
En términos realistas, ¿cuánto necesitas ganar al mes para poder mantenerte?	
¿Sabes cuál es tu puntaje crediticio?	
¿Qué harías en caso de una emergencia?	
¿Tenías tarjetas de crédito antes? ¿Supiste manejarlas bien?	
¿Qué podrías hacer para mejorar tus conocimientos financieros?	

Preguntas del Mentor sobre Finanzas

Como mentor, prepara de antemano recursos y preguntas adicionales según tu experiencia.

Preguntas para el aprendiz:	Anota las respuestas del aprendiz.
¿Qué tanto sabes de finanzas?	
¿Qué aprendiste al hacer el primer ejercicio de presupuesto con $100?	
¿Qué aprendiste al elaborar un presupuesto trimestral?	
¿Cuáles son tus metas financieras?	
¿Qué errores financieros has cometido? ¿Cómo puedes evitarlos en el futuro?	
¿Qué compras impulsivas has hecho?	
¿Cómo piensas ganarte la vida?	
¿De qué formas legales podrías obtener ingresos adicionales?	
En términos realistas, ¿cuánto necesitas ganar al mes para poder mantenerte?	
¿Sabes cuál es tu puntaje crediticio?	
¿Qué harías en caso de una emergencia?	
¿Tenías tarjetas de crédito antes? ¿Supiste manejarlas bien?	

Preguntas para el aprendiz:	Anota las respuestas del aprendiz.
¿Qué podrías hacer para mejorar tus conocimientos financieros?	
¿Qué te gustaría aprender sobre este tema?	
Tarea para la próxima semana:	
¿Cómo vas con las preguntas diarias de comportamiento?	

G ES DE ESTABLECER METAS

> *El ser humano traza su camino en su corazón,*
> *mas el Señor dirige sus pasos.*
> —Proverbios 16:9

Según la revista *Inc.*, tienes un 42% más de probabilidades de alcanzar tus metas si las escribes. Escribir tus metas te ayuda a ver con claridad lo que realmente quieres y puede impulsarte a alcanzarlas. Empieza cada día con tus metas en mente, visualízalas y revísalas diariamente. Si puedes visualizarlas, es más probable que las alcances.

Primero, visualiza lo que deseas lograr durante el próximo año y luego escríbelo. ¿Qué deseas en cuanto a tu carrera profesional, finanzas, espiritualidad, salud y bienestar, familia, amistades, pasatiempos, etc.? Tal vez lo primero sea definir qué tipo de trabajo quieres conseguir cuando salgas de prisión. ¿Cuáles son tus tres prioridades más importantes al salir en libertad?

Manos a la obra. Fíjate metas tanto inmediatas como a futuro. Las metas inmediatas son aquellas que quieres alcanzar en poco tiempo. Por ejemplo, preparar tu currículum o inscribirte en un curso nuevo.

Las metas a futuro requieren tiempo y planificación. Visualiza dónde quieres estar dentro de un año, tres años o cinco años. Diseña tu plan y define tus pasos comenzando por el resultado final. ¿Qué necesitas hacer mes a mes para avanzar hacia tu meta final? Revisa tu progreso mensualmente. Coloca tus metas en orden de prioridad y comienza con una ahora mismo. Al escribir tus metas, asegúrate de que cumplan con los criterios SMART.

SMART significa:

S	ESpecífica
M	Medible
A	Alcanzable
R	Realista
T	Tiempo definido

S es por *específica*. Asegúrese de que tus metas sean claras y detalladas. *M* es de *medible*, así sabes cuándo has completado las metas. *A* es de *alcanzable*, que incluye cómo lo vas a hacer. *R* es de *realista*, que significa que es posible alcanzar la meta en el plazo designado. *T* es por *tiempo definido*, que significa cuándo lo vas a completar.

Veamos si lo entiendes.

¿Cuál de estas es una meta SMART?

a. Quiero regresar a casa.
b. Quiero obtener un título.
c. Ahorraré para la jubilación.
d. Le pediré a mi supervisor dos semanas de vacaciones a partir del 12 de julio.

La respuesta es *d*. Explica por qué.

a. Quiero perder cinco kilos.
b. Quiero estar saludable.
c. Voy a caminar treinta minutos al día para perder medio kilo por semana porque quiero perder un total de cinco kilos en dos meses y medio.
d. Quiero beber más agua.

La respuesta es *c*. Explica.

REFERENCIAS

Economy, P. 2020. «This Is the Way to Write Down Your Goals for Faster Success» (Febrero 24). https://www.inc.com/peter-economy/this-is-way-you-need-to-write-down-your-goals-for-faster-success.html#:~:text=The%20results%3F-,You%20are%2042%20percent%20more%20likely%20to%20achieve%20your%20goals,tasks%20necessary%20for%20your%20success.

Preguntas de autoevaluación sobre el Establecimiento de metas

Preguntas	Respuestas
¿Qué es importante para ti en este momento?	
¿Qué tipo de trabajo te gusta?	
¿Qué tipo de trabajo no te gusta?	
¿Cuáles son tus tres metas inmediatas?	
¿Cuáles son tus tres metas a largo plazo?	
Escribe tus metas inmediatas.	
Usando el método SMART, escribe tus tres metas a largo plazo.	
¿Cuál es tu plan para dar seguimiento a tus metas, tanto las inmediatas como las de largo plazo?	
¿Cómo sabrás que has tenido éxito?	
¿Cómo sabrás cuándo ser flexible en cuanto a establecer tus metas?	

Preguntas del Mentor sobre el Establecimiento de metas

Preguntas para el aprendiz:	Anota las respuestas del aprendiz.
¿Qué es importante para ti en este momento?	
¿Qué tipo de trabajo te gusta?	
¿Qué tipo de trabajo no te gusta?	
¿Dónde te ves viviendo después de tu liberación?	
¿Cuáles son tus tres metas inmediatas?	
¿Cuáles son tus tres metas a largo plazo?	
Comparte conmigo las metas inmediatas que escribiste.	
Comparte conmigo tus metas SMART a largo plazo.	
¿Cuál es tu plan para dar seguimiento a tus metas, tanto las inmediatas como las de largo plazo? ¿Con qué frecuencia? ¿Cómo sabrás que has tenido éxito?	
¿Cómo sabes cuándo debes ser flexible? (Ajustar tus metas según los cambios en tu vida.)	
Tarea para la próxima semana:	
¿Cómo vas con las preguntas diarias de comportamiento?	

H ES DE SALUD

> *La salud es el mayor regalo, la satisfacción la mayor riqueza, la lealtad la mejor relación.*
> —Buda de Gautama

¿Cómo puedes crear y mantener un estilo de vida saludable y lleno de energía sea cual sea tu situación? Un estilo de vida saludable no se trata solo de comer bien y mantener un peso adecuado. Incluye cada aspecto de tu vida: manejar el estrés, tomar suficiente agua, dormir bien, hacer ejercicio, no fumar, no consumir drogas y no beber en exceso. Por ejemplo, puedes reducir el tiempo frente a las pantallas y en su lugar leer o caminar. También incluye levantarte y cumplir con tus obligaciones. Cuando salgas en libertad necesitarás estos mismos hábitos, así que es mejor empezar desde ahora para estar preparado.

Hay muchas formas de mantenerte saludable después salir de prisión. Estas con algunas sugerencias:

- Crea una rutina saludable: Organiza tus días para hacer ejercicio con regularidad, mantener una buena alimentación, dormir las horas necesarias y mantenerte alejado de las drogas y el alcohol.
- Aprende a controlar el estrés: Usa técnicas para manejar el estrés y la ansiedad, como ejercicios de respiración profunda, meditación, yoga o consultar a un terapeuta.
- Cuida tus relaciones: Mantén relaciones positivas con tu familia y amigos, y participa en actividades sociales y de la comunidad.
- Cultiva una actitud positiva: Vive el presente y no te dejes llevar por sentimientos negativos ni por el pasado. Busca oportunidades para aprender y mejorar, y mantén una actitud positiva.
- Ayuda a los demás: Esto te ayudará a sanar.
- No dejes de aprender: Busca oportunidades para estudiar o formarte, o dedícate a nuevos pasatiempos e intereses que beneficien tu salud y bienestar.
- Busca apoyo: Únete a grupos de apoyo para personas que han estado en prisión o busca ayuda profesional si tienes problemas de salud mental o adicciones.

La mayoría de las personas intentan hacer demasiados cambios a la vez y fracasan. Los cambios pequeños y graduales darán mejores resultados a largo plazo.

Al ver la lista, te darás cuenta de lo difíciles que son todas estas cosas en tu situación actual, por eso establecer metas y tener un plan es el primer paso. Tu mentor puede apoyarte y las preguntas diarias pueden servirte como método para rendir cuentas de tu progreso.

REFERENCIAS

Waehner, P. 2020. «How to Live a Healthier Lifestyle» (julio 27). https://www.verywellfir.com/simple-ways-to-live-a-healthy-lifestyle.

Preguntas de autoevaluación sobre Salud

Preguntas	Respuestas
Haz una lista de hábitos no saludables.	
Haz una lista de hábitos saludables.	
¿Cómo puedes mantener un estilo de vida saludable en prisión? ¿Por cuál cambio pequeño podrías empezar?	
¿Crees que es posible?	
¿Estás dispuesto a hacerlo?	
¿Qué ganarás al hacer este cambio?	
¿Qué puedes perder si no lo haces?	
Cuando salgas en libertad, habrá nuevas tentaciones. ¿Cómo las manejarás?	

Preguntas del Mentor sobre Salud

Preguntas para el aprendiz:	Anota las respuestas del aprendiz.
Comparte conmigo tu lista de hábitos no saludables.	
Comparte conmigo tu lista de hábitos saludables.	
¿Cómo puedes mantener un estilo de vida saludable en prisión? ¿Por cuál cambio pequeño podrías empezar?	
¿Crees que es posible?	
¿Estás dispuesto a hacerlo?	
¿Qué ganarás al hacer este cambio?	
¿Qué puedes perder si no lo haces?	
Cuando salgas en libertad, habrá nuevas tentaciones. ¿Cómo las manejarás?	
Tarea para la próxima semana:	
¿Cómo vas con las preguntas diarias de comportamiento?	

> *La integridad guía a los rectos; mas a los infieles los destruye su perversidad.*
> —Proverbios 11:3

No es una palabra que se usa para hacerte sentir culpable. Es hacer siempre lo que dices que vas a hacer, sin importar si alguien te está viendo o no. Es ser íntegro contigo mismo. Es cumplir y honrar tu palabra. Es una forma de ser. Es cumplir las promesas que te haces a ti mismo, a tus amigos y a tu familia. Te sorprenderás de lo liberado que te sientes cuando sabes que puedes cumplir tu palabra, tanto contigo como con los demás, y que pueden contar contigo. (Esto no significa que siempre tengas que decir que sí).

Piensa en esto: ¿Eres excelente cumpliendo tu palabra en el trabajo, pero no tanto contigo mismo? ¿O al revés? Reflexiona sobre tu vida y decide en qué aspectos puedes fortalecer tu integridad. Esto requiere práctica, pero cada día que te esfuerzas, mejoras. Para que esta cualidad se vuelva parte de ti, necesitas indagar en lo más profundo y ser sincero contigo mismo.

Estos son algunos aspectos en los que reflexionar: ¿Hablas de otros a sus espaldas? ¿Te has llevado cosas sin pagarlas? ¿Te has llevado cosas de la oficina para tu uso personal? ¿Has usado la fotocopiadora de la escuela o del trabajo para asuntos personales? ¿Dices pequeñas mentiras y las justificas? ¿Excedes el límite de velocidad? ¿Te has estacionado en lugares para discapacitados sin serlo? ¿Crees que las reglas no aplican a ti? ¿Has herido los sentimientos de alguien sin ofrecer una disculpa? ¿Te has quedado callado cuando te han cobrado menos en una tienda? ¿Has encontrado dinero tirado en una tienda y te lo has guardado? ¿Has revelado información confidencial de tu familia o de algún proyecto? ¿Has dedicado tiempo laboral o de estudio a las redes sociales en lugar de estar trabajando? ¿Has cometido errores en el trabajo y no los has admitido? ¿Has incumplido algún plazo establecido por la empresa? ¿Cumples al pie de la letra con las normas de la empresa? ¿Te has atribuido el mérito del trabajo de otros? ¿Has cometido algún delito y lo has reconocido? ¿O sigues mintiéndote a ti mismo? ¿Has traicionado tus principios alguna vez? ¿Te atreves a decir la verdad?

O quizás eres excelente cumpliendo tu palabra con los demás, pero contigo mismo no tanto. ¿Eres íntegro contigo mismo? ¿Cumples las promesas que te haces? ¿Te propones hacer cambios en tu vida y luego no los realizas? Tú importas. Este es el momento ideal para convertirte en tu mejor versión.

Fortalece tu integridad día tras día. ¿Cómo puedes desarrollar tu integridad?

Sé honesto. Cuando cometas un error, reconócelo. Mantén tu palabra. Procura ser alguien con quien todos puedan contar, sin importar las circunstancias. Ten la certeza de que puedes confiar en ti mismo. Recuerda que tu palabra te define. Cuanto más practiques la integridad, más la fortaleces. Es como hacer ejercicio. Sabrás que lo has logrado cuando puedas confiar plenamente en ti mismo y en tu palabra. La integridad es una cualidad esencial del liderazgo.

¡Adelante en tu camino de superación!

Preguntas de autoevaluación sobre Integridad

Preguntas	Respuestas
¿Qué significa para ti la integridad?	
¿Es importante la integridad en la vida? Explica.	
Al leer los ejemplos, ¿te identificaste con alguno?	
¿A quién admiras por su integridad? ¿Qué empresa demuestra integridad?	
¿Qué ejemplos conoces en el mundo empresarial donde un líder no actuó con integridad? ¿Qué sucedió? Si no conoces ninguno, investiga y comparte.	
¿En cuál aspecto puedes trabajar para mejorar?	
¿Cómo justificas tu comportamiento cuando tu integridad se ve comprometida?	
¿Cómo sabrás que estás progresando?	
¿Cómo sabrás que puedes cumplir tu palabra? ¿Contigo mismo? ¿Con los demás?	

Preguntas del Mentor sobre Integridad

Como mentor, ¿qué recursos adicionales puedes compartir con tu aprendiz?

Preguntas para el aprendiz:	Anota las respuestas del aprendiz.
¿Qué significa para ti la integridad?	
¿Qué opinas de los ejemplos presentados? Hablemos sobre algunos puntos.	
¿Habías considerado la integridad desde esta perspectiva? ¿Qué te sorprendió?	
Si estuvieras en una posición de liderazgo, ¿cómo la demostrarías?	
¿Cómo demuestras integridad actualmente?	
¿Qué sucede cuando un líder no demuestra integridad? ¿Qué impacto tuvo en la organización? ¿En la cultura? ¿En las personas? ¿Puedes dar ejemplos específicos?	
¿Cómo medirás tu progreso en este aspecto?	
¿Cómo puedo apoyarte?	
Tarea para la próxima semana:	
¿Cómo vas con las preguntas diarias de comportamiento?	

> *Jesús respondió: «Yo soy el camino y la verdad de la*
> *vida. Nadie viene al Padre sino es por medio de mí».*
> —Juan 14:6

Sin importar cuánto tiempo hayas estado preso, rezo para que hayas aprovechado algún programa de orientación espiritual durante tu estancia en prisión y que incorpores una rutina espiritual en tu día a día. He tenido la oportunidad de dialogar con hombres y mujeres que han participado en el ministerio Kairos y en Bridge for Life. La mayoría de los hombres con quienes he conversado no quisieron formar parte del ministerio Kairos la primera vez que se les presentó el programa. Algunos se mostraban reacios porque ya pertenecían a una pandilla y creían que eso era suficiente. Otros temían perder el control. Hubo quienes, simplemente, se cansaron de negar que necesitaban algo más en sus vidas y terminaron aprovechando el programa. Todos los hombres que completaron el programa del ministerio Kairos y con quienes he conversado aseguran que este les cambió la vida por completo. Jamás imaginaron lo que era posible. Las mujeres que participaron en el programa Bridges to Life y con quienes he conversado me contaron que, al principio, pensaban haber hecho las paces con las circunstancias que las llevaron a prisión. Sin embargo, durante el programa, comprendieron que debían emprender un proceso más profundo de sanación, tanto consigo mismas como con las familias de las víctimas. Al completar el programa, experimentaron una sensación de libertad sin precedentes, una sensación que jamás habían conocido.

Recibir a Cristo en tu vida genera una transformación profunda. Soy muy resiliente, pero no habría llegado a ser quien soy sin tener a Cristo en el centro de mi vida.

¿Cómo mantienes a Cristo en el centro de tu vida? En lo personal, comienzo y termino cada día con una oración. Esto me ayuda a mantener el equilibrio. Además, dedico un momento a agradecer de tres a cinco bendiciones. Al comenzar este camino, quizás te parezca que no hay mucho que agradecer, pero si perseveras, descubrirás cada día más bendiciones en tu vida.

Kathy y Neal Pollard, en su libro *Christian Living* (2013), presentan veinticinco maneras de tener a Cristo en el centro de tu vida. Yo no podría expresarlo mejor, así que comparto sus palabras:

1. Cultivaré una vida de oración.
2. Manifestaré bondad en cada acción.

3. Cada día buscaré compartir Su mensaje con alguien.
4. Cuidaré lo que cultivo en mi corazón.
5. Reflexionaré detenidamente sobre cómo mi conducta influye en los demás.
6. Procuraré activamente dar ánimo a las personas que encuentre a diario.
7. Asumiré y buscaré lo mejor en los demás.
8. Cultivaré el rechazo al pecado y el amor al pecador.
9. Alimentaré mi alma cada día con las Escrituras.
10. Llevaré siempre un canto espiritual en mi corazón.
11. Meditaré profundamente sobre Su sacrificio en el Calvario.
12. Mediré mis palabras.
13. Meditaré con amor sobre el cielo.
14. Buscaré maneras de colaborar en la obra de la iglesia.
15. Amaré Su iglesia con fervor.
16. Me negaré a justificar o defender lo incorrecto.
17. Seré prudente al discernir lo que es espiritual y no justificaré las malas acciones.
18. Profundizaré lo que entiendo por amor verdadero.
19. Reconoceré con humildad la grandeza y el poder de Dios.
20. Haré todo lo posible por contribuir a Su oración por la unidad.
21. Procuraré ganar almas con el mismo fervor que Él.
22. Buscaré maneras de orientar las conversaciones hacia lo espiritual.
23. Anhelaré los momentos de adoración y devoción.
24. Daré menos importancia a mis derechos, sentimientos y deseos.
25. Cada día me asemejaré más a Él en pensamiento, palabra y obra.

REFERENCIAS

Pollard, K, and N. Pollard. 2013. «25 ways to keep Christ at the center of your life» (Noviembre 17). https://life-and-favor.com/2013/03/11/25-ways-to-keep-christ-at-the-center-of-my-life/.

Preguntas de autoevaluación sobre Jesús

Preguntas	Respuestas
¿En qué programas de formación espiritual has participado? Si has participado, ¿cuáles fueron? Si no lo has hecho, ¿cuáles son tus razones?	
¿Qué impacto han tenido estos programas en tu vida hasta ahora? ¿Qué has aprendido?	
¿De qué manera han cambiado tus sentimientos?	
¿Qué opinas del artículo y la lista de veinticinco maneras de centrar tu vida en Cristo?	
¿Cómo piensas poner en práctica esta lista?	
¿Qué aspectos te comprometes a practicar en tu vida?	

Preguntas del Mentor sobre Jesús

Preguntas para el aprendiz:	Anota las respuestas del aprendiz.
¿En qué programas de formación espiritual has participado? Si has participado, ¿cuáles fueron? Si no lo has hecho, ¿cuáles son tus razones?	
¿Qué impacto han tenido estos programas en tu vida hasta ahora? ¿Qué has aprendido?	
¿De qué manera han cambiado tus sentimientos?	
¿Qué opinas del artículo y la lista de veinticinco maneras de centrar tu vida en Cristo?	
¿Cómo piensas poner en práctica esta lista?	
¿Qué aspectos te comprometes a practicar en tu vida?	
Tarea para la próxima semana:	
¿Cómo vas con las preguntas diarias de comportamiento?	

K ES DE CONOCIMIENTO

> *Tu trabajo es descubrir tu mundo y luego con todo tu corazón entregarte a él.*
> —Buda de Gautama

¿Qué tan preparado estás para cuando salgas de prisión? ¿Qué programas has aprovechado mientras has estado en prisión? ¿Tu prisión ofreció programas como el GED (equivalencia del diploma de escuela secundaria), diploma de escuela secundaria, colegio comunitario, formación profesional, certificados, talleres de desarrollo personal o programas de emprendimiento? ¿Cómo puedes adquirir más conocimientos de los que tienes hoy? ¿Tienes un plan?

¿Qué oportunidades puedes seguir aprovechando mientras estás en prisión? ¿Qué necesitas saber? ¿Qué habilidades o evaluaciones te faltan? ¿Hay certificados o estudios que podrían mejorar tu situación? ¿Cómo vas a financiar lo que viene? ¿Qué necesitas investigar? ¿Con quién deberías hablar?

Decide qué quieres aprender. ¿Prefieres ampliar tus conocimientos o profundizar en ellos? ¿Quieres especializarte en un área? Elabora un plan para adquirir los conocimientos que te faltan.

El *conocimiento* se define como los hechos, la información y las destrezas que adquieres mediante el estudio y la experiencia. ¿Cómo puedes ampliar tus conocimientos? Con la lectura. Haciendo preguntas. Buscando a un mentor que te oriente. Siguiendo las pautas de este libro. ¿Hay capacitación disponible para mejorar tus destrezas? ¿Conoces alguna organización que te pueda apoyar cuando salgas?

¿Qué actividades como voluntario te ayudarían a aprender? Anímate a participar en nuevos proyectos donde puedas aprender mientras ayudas a los demás. Ten la mente abierta. Aprender algo nuevo requiere tiempo. Te equivocarás, pero cada error te enseñará algo. Presta atención a lo que sientes cuando aprendes algo nuevo. Es normal sentirse incómodo al principio, cuando sales de lo que te resulta familiar.

¿Cómo puedes empezar a mejorar tus destrezas tecnológicas? El mundo está cambiando muy rápido en cuanto a tecnología. Siempre hay más cosas nuevas que aprender y los cambios son a diario. Por ejemplo: computadoras, celulares, conexiones inalámbricas en los autos, cajeros automáticos, pagos desde el celular, redes sociales, por mencionar solo algunos. ¿Qué tan consciente eres de estos cambios?

¿En qué otros aspectos de tu vida te hacen falta prepararte? ¿Dedicas tiempo para practicar y dominar algo nuevo? ¿Qué te falta saber para mejorar? Solo hay una forma de aprender: leer, dialogar, practicar y luego demostrar lo que sabes con el tiempo.

Este es el momento de elaborar tu plan para cuando salgas de prisión. Esta semana consulta el final del libro. Para la siguiente semana debes: completar el ejercicio de solicitud de empleo, preparar un currículum que destaque tus capacidades, recopilar documentos que acrediten tus estudios o certificados, y elaborar una lista de tres personas que puedan recomendarte, con su información de contacto si es posible.

Preguntas de autoevaluación sobre el Conocimiento

Preguntas	Respuestas
Pensando en tus planes al salir de prisión, califica del 1 al 10 tu conocimiento sobre los siguientes aspectos (1: apenas lo conoces; 10: lo dominas) _____Colegio comunitario _____Certificados _____Formación profesional _____Trabajo de jornada completa (¿Quién ofrece empleo?) _____Negocio propio (¿En qué tienes experiencia?) _____Finanzas/presupuesto (¿Qué tanto sabes de esto?) _____Tecnología (¿Qué tanto sabes?)	
Al terminar la lista, decide por dónde empezar. ¿Cuál será tu primer paso para ampliar tus conocimientos?	
¿Cuál es su plan para adquirir más conocimientos? Escribe tu plan y prepárate para discutirlo con tu mentor. Esta es una conversación crucial.	

Preguntas	Respuestas
¿De qué forma aprendes mejor? _____Auditivo (escuchando) _____Visual (observado) _____Táctil-Kinestésico (haciendo/ practicando) _____En línea _____Presencial _____Aprendizaje por cuenta propia _____Libros _____Podcasts _____Talleres _____Clases	
¿Has ...?: _____completado el ejercicio de solicitud de empleo _____Elaborado un currículum orientado a tus capacidades _____Obtenido los comprobantes de estudios o certificados _____elaborado la lista de tres personas que puedan recomendarte	
¿Cómo te puedes preparar para cuando salgas de prisión?	

Preguntas del Mentor sobre el Conocimiento

Preguntas para el aprendiz:	Anota las respuestas del aprendiz.
Pensando en tus planes al salir de prisión, califica del 1 al 10 tu conocimiento sobre los siguientes aspectos (1: apenas lo conoces; 10: lo dominas): _____Colegio comunitario _____Certificados _____Formación profesional _____Trabajo de jornada completa (¿Quién ofrece empleo?) _____Negocio propio (¿En qué tienes experiencia?) _____Finanzas/presupuesto (¿Qué tanto sabes de esto?) _____Tecnología (¿Qué tanto sabes?)	
Al terminar la lista, decide por dónde empezar. ¿Cuál será tu primer paso para ampliar tus conocimientos?	
¿Cuál es su plan para adquirir más conocimientos? Escribe tu plan y prepárate para discutirlo con tu mentor. Esta es una conversación crucial.	

Preguntas para el aprendiz:	Anota las respuestas del aprendiz.
¿De qué forma aprendes mejor? _____Auditivo (escuchando) _____Visual (observado) _____Táctil-Kinestésico (haciendo/ practicando) _____En línea _____Presencial _____Aprendizaje por cuenta propia _____Libros _____Podcasts _____Talleres _____Clases	
¿Qué recursos hay disponibles para adquirir nuevos conocimientos?	
¿Has ...?: _____completado el ejercicio de solicitud de empleo _____Elaborado un currículum orientado a tus capacidades _____Obtenido los comprobantes de estudios o certificados _____elaborado la lista de tres personas que puedan recomendarte	
¿Cómo te puedes preparar para cuando salgas de prisión?	
Tarea para la próxima semana:	
¿Cómo vas con las preguntas diarias de comportamiento?	

L ES DE APRENDER

> *Aprende de tus errores.*
> —Proverbios 26:1–12

¿Sabes cómo aprendes mejor? ¿Te encanta aprender? ¿Te apasiona intentar cosas nuevas? ¿Te interesa aprender cosas nuevas tanto en la escuela como fuera de ella? ¿Buscas formas de expandir tu creatividad y superarte a ti mismo? A menudo me siento como una niña con juguetes nuevos cuando estoy aprendiendo. Siento que no me alcanza el tiempo para aprender todo lo que me interesa, pero esta sensación me motiva. Le dedico tiempo porque cada aprendizaje me transforma. Me abre los ojos a nuevas posibilidades. Todo lo nuevo que aprendo lo incorporo a mi trabajo. Al aprender de los demás, veo las cosas desde diferentes ángulos. Tomo cursos de crecimiento personal que me ayudan a reconocer mis sesgos y a desarrollar una mejor manera de pensar.

No todo tiene que ser un aprendizaje formal. Cualquier ocasión es buena para aprender algo nuevo. Te cuento tres ejemplos: Una vez tuve una emergencia dental cuando mi dentista estaba de viaje. Mi hermana me recomendó al suyo. Me atendieron muy bien, con mucho profesionalismo. Me gustó tanto que decidí quedarme con ellos. Lo que más me llamó la atención fue su manera de tomar notas en cada consulta. No hablo solo de las notas dentales, eso es obvio. Llevaban un registro detallado de todas nuestras charlas, ya fuera sobre la familia, el trabajo o los viajes. Cuando volvía seis meses después, retomábamos la conversación como si hubiera sido ayer. Me parece una idea fantástica. ¿Te imaginas si todos los servicios al cliente hicieran lo mismo?

El segundo ejemplo es la empresa que maneja mi sitio web. Su atención al cliente es excepcional. A nadie le gusta tener que llamar al soporte técnico porque significa que algo no funciona. Los técnicos tienen paciencia, saben lo que hacen y siempre han solucionado todos mis problemas. Menciono estos ejemplos porque siempre estoy pendiente de encontrar experiencias extraordinarias de atención al cliente para aplicarlas en mi negocio y mejorar nuestro servicio. ¿Tú dónde buscas ejemplos a seguir?

El tercer ejemplo es mi peluquería. No es un lugar lujoso, pero te atienden como si fueras de la realeza. Te saludan al entrar. Te llaman por tu nombre. La estilista se adapta a tu horario, no al revés. Son muy puntuales. Te ofrecen agua o café. Te preguntan todo lo necesario para dejarte como quieres. No dan nada por sentado. Antes de irte, ya tienes tu próxima cita. ¿Te imaginas cómo se siente cada cliente al salir? ¿Qué impresión quieres dejar tú?

Si te gusta leer, hay un excelente libro de John R. DiJulius III (2003) que se titula *Secret Service: Hidden Systems That Deliver Unforgettable Customer Service*. Este libro presenta distintas empresas y los sistemas que aplican para ofrecer un servicio al cliente excepcional. Como mencioné anteriormente, se puede aprender mucho al estudiar empresas de otros sectores. ¿Qué ejemplos puedes compartir sobre lo que has aprendido? ¿Cuál ha sido tu peor experiencia como cliente? ¿Cómo te sentiste? Es probable que al salir de prisión tu trabajo involucre atención al cliente, por lo que desarrollar estas habilidades desde ahora puede ser fundamental para tu éxito.

¿Te gusta escuchar seminarios web o podcasts? A mí me encantan las charlas TED en YouTube. Si no conoces las charlas TED, vale la pena explorarlas. TED son las siglas de Tecnología, Entretenimiento y Diseño. Son presentaciones en videos de dieciocho minutos donde expertos comparten información valiosa sobre temas actuales. Busca charlas TED sobre temas que te interesen y puedan ayudarte en tu carrera. ¿Cuáles son tus tres charlas favoritas?

¿Pertenecías a alguna asociación profesional antes de ingresar a prisión? ¿Te resultaría útil aprender un nuevo idioma? Amplía tus horizontes. Inicia un cambio positivo Proponte aprender algo nuevo cada día.

Además de este artículo esta semana, lee la breve sección al final del libro titulada «Ya estoy contratado, ¿y ahora qué?» y prepárate para comentarla con tu mentor.

REFERENCIAS

DiJulius, John R., III. 2003. *Secret Service: Hidden Systems That Deliver Unforgettable Customer Service*. AMACOM.

TED (Tecnología, Entretenimiento y Diseño): Ideas que vale la pena difundir. https://www.ted.com.

Preguntas de autoevaluación sobre el Aprendizaje

Preguntas	Respuestas
En una escala del 1 al 10, califícate donde 1 significa «No me interesa aprender» y 10 «Me apasiona aprender». _____Mi interés en aprender	
¿Qué tipos de temas te interesan?	
¿Cuál fue el último curso de desarrollo personal que tomaste?	
¿Has visto charlas TED en YouTube? ¿Cuáles son tres de tus charlas favoritas?	
¿Cuál fue el último libro que leíste o escuchaste?	
¿Qué podcasts escuchas? ¿Qué tipo de música te gusta?	
¿Hablas más de un idioma?	
¿Qué te interesa?	
¿Qué lecciones se pueden aprender de otros sectores?	
¿Qué ejemplos de servicio al cliente puedes compartir?	
¿Cómo puedes inspirar a otros a nunca dejar de aprender?	
¿Qué aprendiste al leer «Ya estoy contratado, ¿y ahora qué?»	

Preguntas del Mentor sobre el Aprendizaje

Preguntas para el aprendiz:	Anota las respuestas del aprendiz.
¿Cómo valorarías tu disposición para seguir aprendiendo siempre? Explica.	
¿Cuál fue el último curso de desarrollo personal que tomaste?	
¿Cuál fue el último libro que leíste o escuchaste?	
¿Ves charlas TED? Si es así, ¿cuál es una de tus favoritas?	
¿Qué podcasts escuchas? ¿Qué tipo de música te gusta?	
¿Hablas más de un idioma?	
¿Qué has hecho para desarrollar tu creatividad?	
¿Qué temas te resultan menos atractivos o qué áreas no te interesan en lo absoluto?	
¿Cómo puedes inspirar a otros a nunca dejar de aprender?	
Cuéntame dos experiencias donde hayas recibido una atención al cliente excepcional	
Cuéntame de una situación en la que recibiste mala atención al cliente	
¿Qué aprendiste al leer «Ya estoy contratado, ¿y ahora qué?»	
Tarea para la próxima semana:	
¿Cómo vas con las preguntas diarias de comportamiento?	

M ES DE MENTALIDAD

> *La mente lo es todo. Te conviertes en lo piensas.*
> —Buda de Gautama

¿Tienes una mentalidad fija o una mentalidad de crecimiento? ¿Cómo lo sabes? Cuando te equivocas, ¿crees que deberías parar o darte por vencido por haber fallado? ¿Evitas los riesgos y los desafíos? ¿Qué te dices a ti mismo? Cuando aprendes algo nuevo que representa un desafío y no avanzas tan rápido como quisieras, ¿qué diálogo interno tienes? ¿Te dices «esto es algo nuevo por aprender»? ¿Prefieres que te elogien por el esfuerzo o por el proceso?

La mentalidad es el conjunto de actitudes que posee una persona. Uno de los mejores recursos sobre mentalidad es el libro de Carol Dweck *Mindset: The New Psychology of Success; How We Can Fulfill Our Potential*. Léelo y descubre cómo puedes desarrollar una mentalidad de crecimiento en todas las áreas de tu vida. La Dra. Carol Dweck describe la mentalidad fija como algo estático, que evita los desafíos, ve el esfuerzo como algo inútil, ignora la retroalimentación negativa constructiva y se siente amenazada por el éxito de los demás. Luego describe las características de una mentalidad de crecimiento: «tiene deseo de aprender, acepta los desafíos, es persistente, aprende de las críticas y se inspira en los demás». ¿Cuál eres tú?

El libro de Carol Dweck me llevó a examinar lo que les decía a mis estudiantes. Me di cuenta de que muchos de los comentarios positivos que expresaba estaban, en realidad, creando una mentalidad fija. Tuve que replantear la manera en que elogiaba el progreso de mis estudiantes. Ahora elogio el esfuerzo, las estrategias, el trabajo arduo, el progreso, la perseverancia y la capacidad de aprender de los errores. Dejé de decir «buen trabajo» o «eres muy inteligente» ya que estas son formas fijas de ser. Viéndolo ahora, aprendí más de los errores que cometí que de mis éxitos.

Durante muchos años, comprobé la teoría de la mentalidad de Carol Dweck mientras dirigía talleres de orientación para nuevos estudiantes de posgrado en cada periodo académico. Teníamos muchas actividades interactivas para que los estudiantes pudieran tener una idea de lo que estaban por emprender al obtener una maestría. A mitad del taller, les asigné una tarea a los estudiantes de posgrado. Les expliqué que, en nuestra universidad, todos debían usar el formato de la Asociación Americana de Psicología (APA) al citar las fuentes en sus trabajos. Les entregué un trabajo de investigación a cada estudiante y les pedí que encontraran los errores de formato. Era una tarea difícil porque aún no habían empezado sus clases. Observé con interés cómo abordaban la tarea. La mayoría tomó el trabajo e intentó resolverlo. Algunos tomaron el papel y lo hicieron a un lado con total frustración. ¡No dejé que el ejercicio durara más de dos minutos por temor a que se fueran antes de empezar! Luego hice una evaluación o revisión posterior. Les pregunté cómo se sintieron cuando les entregué la tarea. Algunos dijeron que estaban asustados, otros estaban dispuestos a intentarlo, y algunos dijeron que sintieron ganas de abandonarlo. Les dije que comprendieran que estaban en un posgrado para aprender cosas nuevas. Les expliqué que realmente no esperaba que pudieran hacer la tarea. Les pedí que, durante todo su posgrado, recordaran cómo se sintieron con este ejercicio.

Mi intención era comenzar a crear una mentalidad de crecimiento en cada persona del taller. Si ya supieran hacer estas cosas, no necesitarían estudiar un posgrado. Es un entorno para aprender, para enfrentar desafíos y cometer errores. Luego les entregué una guía APA para ayudarlos con la tarea. Después revisamos el trabajo y les mostré los errores de formato APA.

Mientras les aclaraba el propósito del ejercicio, los estudiantes se relajaron. Dijeron que jamás olvidarían esa lección. Entonces, ¿cómo abordas las cosas nuevas y qué te dices a ti mismo?

Biglifejournal.com creó una serie de preguntas para ayudarte a replantear tu mentalidad:

- «¿Hiciste algo hoy que te hizo reflexionar profundamente»?
- «¿Qué nuevas estrategias intentaste»?
- «¿Qué error cometiste del que aprendiste algo»?
- «¿A qué desafío te enfrentaste hoy»?

Veamos cómo se aplica esto en el trabajo. ¿Cuál es tu mentalidad? A menudo escucho empleados que dicen: «A esta gente no le caigo bien». He escuchado decir: «Mi jefe me está obligando a.... ». He escuchado: «Aquí no puedes progresar porque...». Yo nunca digo esas cosas porque no veo el mundo de esa manera. No es mi mentalidad ni mi diálogo interno. Ciertamente, hay lugares de trabajo donde esto existe, pero ¿realmente es así, o es una mentalidad fija para justificar tu situación y culpar a los demás? Sé consciente de tu propia forma de pensar. En realidad, tú eres la única persona que lo sabe. Mientras lees esto, puede que no estés de acuerdo conmigo; sin embargo, un coach desafía tu forma de pensar.

REFERENCIAS

Biglifejournal.com

Dweck, Carol. 2007. *Mindset: The New Psychology of Success; How We Can Fulfill Our Potential*. Nueva York: Ballantine Books.

Preguntas de autoevaluación sobre la Mentalidad

Preguntas	Respuestas
En general, ¿sientes que tienes una mentalidad de crecimiento o una mentalidad fija?	
¿En qué áreas de tu vida tienes una mentalidad de crecimiento?	
¿En qué áreas de tu vida tienes una mentalidad fija?	
¿Prefieres que te reconozcan por el resultado o por el proceso?	
¿Qué te dices a ti mismo cuando las cosas son difíciles o cuando estás aprendiendo algo por primera vez?	
¿Cómo puedes empezar a transformar tu mentalidad hacia una mentalidad de crecimiento?	
¿Cómo sabrás que estás empezando a cambiar tu perspectiva?	
Prepárate para discutir con tu mentor el camino que has elegido. Comienza a trazar un plan y un cronograma para lograrlo durante las próximas trece semanas.	

Preguntas del Mentor sobre la Mentalidad

Preguntas para el aprendiz:	Anota las respuestas del aprendiz.
Describe lo que entiendes por mentalidad de crecimiento.	
Describe lo que entiendes por mentalidad fija.	
¿Sientes que tienes una mentalidad de crecimiento o una mentalidad fija?	
¿En qué áreas de tu vida tienes una mentalidad de crecimiento?	
¿En qué áreas de tu vida tienes una mentalidad fija?	
¿Prefieres que te reconozcan por el resultado o por el proceso? Explica.	
¿Qué te dices a ti mismo cuando las cosas son difíciles o cuando estás aprendiendo algo por primera vez?	
¿Cómo puedes empezar a transformar tu mentalidad hacia una mentalidad de crecimiento?	

Preguntas para el aprendiz:	Anota las respuestas del aprendiz.
¿Cómo sabrás que estás empezando a cambiar tu perspectiva?	
¿Cómo puedo impulsar tu crecimiento en esta área?	
Estamos a mitad de camino de los veintiséis aspectos claves. ¿Qué has aprendido hasta ahora?	
¿Cómo sientes que has cambiado?	
¿En qué quieres centrarte durante las próximas trece semanas para asegurarte de que has desarrollado un plan sólido para cuando salgas de prisión?	
Tarea para la próxima semana:	
¿Cómo vas con las preguntas diarias de comportamiento?	

> *No empleen un lenguaje grosero ni ofensivo. Que todo lo que digan sea bueno y útil, a fin de que sus palabras resulten de estímulo para quienes las oigan.*
>
> —Efesios 4:29

¿Qué es la aptitud en nuevos medios digitales? Según el Grupo Internacional de Información Global (IGI Global, 2020), consiste en la capacidad de emplear herramientas digitales y tecnología para procesar información y resolver problemas tanto en el entorno laboral como en la vida cotidiana y el ámbito social. Esta aptitud figura entre las más valoradas por los empleadores en 2021. Durante tu permanencia en prisión, esto supondrá un reto significativo debido a las limitaciones de acceso a la tecnología. Sin embargo, existen alternativas: puedes documentarte mediante la lectura, consultar con tu mentor y aprovechar los programas de certificación disponibles en prisión.

En la actualidad, la mayoría de los puestos de trabajo exigen un alto nivel de destrezas en cuanto al acceso a la información, la investigación, la resolución de problemas y el trabajo en equipo (Roscorla 2020). Según el tipo de delito que cometiste, es posible que muchas empresas no te contraten. Es recomendable averiguar con anticipación qué empresas están dispuestas a contratar personas con antecedentes penales. Es mejor estar preparado. ¿Con qué recursos cuentas? ¿De qué manera puede apoyarte tu mentor en este aspecto? Si sigues en contacto con tu familia o amigos, ¿qué te pueden enseñar? Los más jóvenes suelen ser más hábiles con la tecnología digital porque ya forma parte de su educación escolar. Es normal que padres y abuelos les pidan ayuda a sus hijos. No tiene nada de malo. Nadie es experto en todo.

La aptitud en nuevos medios digitales es entender los diferentes tipos de medios y el mensaje que transmiten. Algunos ejemplos son los mensajes de texto, los chatbots de inteligencia artificial, los memes, los videos virales, las redes sociales, los videojuegos, la publicidad, entre otros. ¿Cómo ayuda esto?

Cuando empiezas a aprender sobre los nuevos medios, te ayuda a desarrollar un pensamiento crítico. Te convertirás en un consumidor más inteligente con el apoyo de tu mentor y las personas que te rodean, como tus profesores, familia y amigos. Empiezas a reconocer diferentes perspectivas, como la del creador o autor del contenido. No se trata solo de entender los medios, sino de poder analizarlos críticamente.

Desde hace años hay un chiste que dice así: Alguien comenta sobre algo que leyó en internet y dice: «Lo leí en internet, así que debe ser verdad». ¡Nada podría estar más lejos de la realidad!

Conviene analizarlo. ¿Cuál es el verdadero mensaje que quieren transmitir? ¿Es una fuente confiable? ¿Qué te hizo sentir el mensaje? ¿Cuál es el objetivo del mensaje? ¿Estás de acuerdo o en desacuerdo? ¿Por qué? ¿El mensaje busca convencer mediante emociones o mediante hechos?

REFERENCIAS

IGI Global. 2020. «What Is New Media Literacy?» https://www.igi-global.com/dictionary/new-media-literacy/20287#:~:text=The%20ability%20to%20critically%20and,in%20social%20and%20cultural%20contexts.

Roscorla, T. 2020. «10 Steps to Strengthen Digital and Media Literacy» (Noviembre 14). https://www.govtech.com/education/news/10-Steps-to-Strengthen-Digital-and-Media-Literacy.html.

Preguntas de autoevaluación sobre el Conocimiento de nuevos medios

Preguntas	Respuestas
¿Qué sabes sobre los nuevos medios y la tecnología digital?	
¿Qué sabes sobre mensajes de texto, memes, videos virales, redes sociales, videojuegos y publicidad digital?	
¿Por dónde te gustaría empezar a aprender sobre este tema?	
¿Qué sabes sobre computadoras?	
¿Qué sabes sobre teléfonos celulares?	
¿Qué sabes sobre sitios web?	
¿Qué sabes sobre podcasts?	
¿Qué sabes sobre Facebook?	
¿Qué sabes sobre LinkedIn?	
¿Qué empresas contratan personas con antecedentes penales?	
¿Qué empleos no están disponibles para personas con antecedentes penales?	
¿Qué inquietudes tienes sobre conocimientos de nuevos medios?	

Preguntas del Mentor sobre el Conocimiento de nuevos medios

Preguntas para el aprendiz:	Anota las respuestas del aprendiz.
¿Qué sabes sobre los nuevos medios y la tecnología digital?	
¿Qué sabes sobre mensajes de texto, memes, videos virales, redes sociales, videojuegos y publicidad digital?	
¿Por dónde te gustaría empezar a aprender sobre este tema?	
¿Qué sabes sobre computadoras?	
¿Qué sabes sobre teléfonos celulares?	
¿Qué sabes sobre sitios web?	
¿Qué sabes sobre podcasts?	
¿Qué sabes sobre Facebook?	
¿Qué sabes sobre LinkedIn?	
¿Qué empresas contratan personas con antecedentes penales?	
¿Qué empleos no están disponibles para personas con antecedentes penales?	
¿Qué inquietudes tienes sobre conocimientos de nuevos medios?	
¿Cómo puedo apoyarte?	
Tarea para la próxima semana:	
¿Cómo vas con las preguntas diarias de comportamiento?	

> *Por lo tanto, mientras tengamos oportunidad, hagamos el bien a todos, y en especial a los que forman parte de la familia de la fe.*
> —Gálatas 6:10

Presta atención. Busca oportunidades para aportar y marcar la diferencia. Cuando surjan problemas, en vez de quejarte, piensa en cómo puedes agregar valor.

Uno de los mejores ejemplos de esto me sucedió cuando empecé mi carrera en educación superior como docente nueva. Llevaba tres meses dando clases en una universidad antes del semestre de otoño. El director del departamento me había indicado que mi clase empezaba a las 7:00 a.m. Así que el primer día llegué temprano, preparé todo y a las 7:10 a.m. no había llegado ningún estudiante. Me pareció raro, así que fui a la oficina de registro para ver el horario oficial. Según el horario, mi clase empezaba a las 9:00 a.m., no a las 7:00 a.m. Decidí esperar en la sala de profesores hasta la hora de clase. Sinceramente, fueron las dos horas más provechosas que pude haber pasado. Mientras iban llegando los nuevos profesores a la sala, me preguntaban dónde entregar las listas de asistencia, cómo usar la fotocopiadora, dónde estaban los buzones, el horario de clases, la oficina de registro académico, etc. Ayudé a cada uno, aunque yo también era nueva y no lo sabía todo.

Fui a dar mi clase a las 9:00 a.m. La clase terminó al mediodía. Inmediatamente fui a la oficina del Decano de Educación y pedí hablar con él. Solo nos habíamos reunido una vez y estaba nerviosa. Su asistente me dijo que podía atenderme. Le expliqué lo que me había pasado esa mañana. Le comenté que muchos profesores nuevos no tenían claro qué hacer el primer día de clases. Le conté que, en mi trabajo anterior en la industria hotelera, siempre teníamos una sesión de inducción antes de que los empleados nuevos comenzaran. Esto los ayudaba a sentirse más integrados y confiados en su puesto. Él dijo: «Excelente idea. Deberías hacerlo tú». Me reí para mis adentros porque yo no había recibido ninguna inducción, pero respondí: «Sí, me encantaría hacerlo». Sabía que debía contar con alguien de la escuela que conociera el edificio, los programas y la distribución de todos los pisos. Esa persona resultó ser Cliff Willson. Le pregunté si me ayudaría y aceptó. Así que, durante los siguientes dos años, cada trimestre, impartimos la inducción para nuevos empleados. Cada vez que la impartíamos, salía mejor. Pude haberme quejado de la situación, pero elegí un enfoque diferente. Creo que, gracias a esta situación, mi carrera despegó y tuve oportunidades increíbles en educación superior durante los siguientes diecisiete años.

Cuando te enfrentes a problemas, conviértelos en oportunidades y deja que marquen el rumbo de tu vida y tu carrera.

Preguntas de autoevaluación sobre Oportunidad

Preguntas	Respuestas
¿Qué problemas o áreas de mejora has identificado que podrían transformarse en oportunidades?	
¿Cuándo has tomado la iniciativa para aportar soluciones a tu familia, clases o centro penitenciario? Da tres ejemplos: 1. 2. 3.	
¿De qué manera quieres marcar la diferencia?	
¿Cómo sabrás que estás avanzando?	

Preguntas del Mentor sobre Oportunidad

Preguntas para el aprendiz:	Anota las respuestas del aprendiz.
¿Te ayudó el ejemplo a ver las cosas diferente?	
¿Qué problemas o áreas de mejora has identificado que podrían transformarse en oportunidades?	
¿Cuándo has tomado la iniciativa para aportar soluciones a tu familia, clases o centro penitenciario? Da tres ejemplos: 1. 2. 3.	
¿De qué manera quieres marcar la diferencia?	
¿Qué acción específica puedes tomar para mejorar en este aspecto?	
¿Cómo medirás tu progreso en este aspecto?	
¿Cómo puedo apoyarte?	
Tarea para la próxima semana:	
¿Cómo vas con las preguntas diarias de comportamiento?	

> *Si a alguno de ustedes le falta sabiduría, pídasela a Dios*
> *y él se la dará, pues Dios da a todos generosamente*
> *sin menospreciar a nadie.*
> —Santiago 1:5

El trastorno de estrés postraumático (TEPT) es un padecimiento mental que puede manifestarse en personas que han sufrido o presenciado un suceso sumamente traumático, como agresiones sexuales, estar en prisión, prestar servicio militar o sobrevivir a un desastre natural. Aunque la mayoría de las personas viven experiencias traumáticas, no todas padecen TEPT y los investigadores aún desconocen por qué se presenta en algunas personas y en otras no. (Hall, K. M., 2021, GoodRxHealth).

Los desencadenantes son circunstancias o estímulos concretos que te hacen revivir una experiencia traumática pasada y pueden desatar una intensa reacción emocional o física. Hacer frente al TEPT después de haber estado en prisión puede resultar muy complicado. Los desencadenantes están vinculados a los sentidos: la vista, el oído o el olfato. Además, la falta de apoyo social puede agravar estos desencadenantes.

Según GoodRxHealth, hay ejemplos específicos de desencadenantes que provocan los síntomas del TEPT: el pánico, la atención médica, los ruidos fuertes, el dolor emocional, ciertas palabras, la manera de hablar o el tono de voz, voces alteradas, rasgos físicos, la música, el contacto físico, algunos objetos, lugares parecidos, momentos del día, referencias a la edad, discusiones, la pérdida de un ser querido e incluso los colores. (Hall, 2021, pág. 6-8).

Identifica tus desencadenantes: ¿Cuáles son tus desencadenantes? Junto con tus seres queridos, identifica desencadenantes específicos, como ruidos fuertes, recuerdos repentinos, pesadillas, pensamientos intrusivos, problemas para dormir, arranques de ira, cambios de humor, o situaciones de encierro que recuerden la experiencia traumática. Entender estos desencadenantes puede ayudar a evitarlos o a manejarlos de manera preventiva.

Existen formas de manejar el TEPT. Durante un episodio o crisis, puedes empezar por respirar profundamente, meditar, hacer ejercicios para relajar los músculos, escuchar música relajante y conectarte con la naturaleza. También puedes hacer ejercicios para volver al momento presente usando tus sentidos. GoodRxHealth (2021) recomienda lo siguiente:

- Identificar cinco objetos que veas a tu alrededor ahora mismo (la pared del dormitorio).
- Identificar cuatro sensaciones físicas que notes ahora mismo (el aire en tu cara).

- Identificar tres sonidos que escuches (música).
- Identificar dos aromas en el ambiente (tu perfume).
- Identificar un sabor que tengas en la boca en este momento (como el de una toronja).

Otros ejemplos incluyen:

- Acariciar una mascota.
- Sostener un cubo de hielo.
- Poner las manos bajo un chorro de agua tibia.
- Apretar una pelota suave.
- Chupar un caramelo ácido.

Estas son algunas estrategias para familiares y amigos para que puedan brindar apoyo:

- Informarse y entender: Informarse sobre el TEPT y sus síntomas para comprender mejor lo que está viviendo tu ser querido. Esto te ayudará a ofrecer un apoyo más adecuado y empático.
- Tener paciencia y no juzgar: Hacerle saber al ser querido que es normal tener desencadenantes y que cuenta con tu apoyo. Fomenta la comunicación abierta y permítele expresar sus sentimientos sin juzgar ni criticar.
- Crear un ambiente seguro: Generar un entorno tranquilo y acogedor donde la persona se sienta protegida y segura. Asegurarse de que tenga un espacio tranquilo donde refugiarse cuando lo necesite y establecer rutinas que fomenten la estabilidad.
- Sugerir ayuda profesional: Recomendar la consulta con un terapeuta especializado en TEPT o la participación en un grupo de apoyo. La terapia puede proporcionar estrategias y herramientas para manejar los síntomas de manera efectiva.
- Dar apoyo práctico: Colaborar con las tareas o responsabilidades diarias puede ayudar a reducir el estrés y evitar situaciones difíciles. Esto puede incluir ayuda con el transporte, ir con ellos a sus consultas o apoyo en la búsqueda de trabajo o vivienda.
- Fomentar el autocuidado: Anima a tu ser querido a involucrarse en actividades de autocuidado que promuevan la relajación y reduzcan los síntomas, como hacer ejercicio, meditar o practicar pasatiempos que disfrute.
- Brinda apoyo emocional: Estar presente para escuchar y validar sus experiencias. Ofrécele tu apoyo incondicional y recuérdale que no está solo en su proceso de sanación.

Recuerda que cada persona experimenta el TEPT de manera diferente, por lo que es fundamental adaptar el apoyo y las estrategias a las necesidades específicas de cada individuo. Si es necesario, busca ayuda profesional o participa en grupos de apoyo especializados según el caso.

REFERENCIAS

Alianza Nacional para la Salud Mental
Centro Nacional para el TEPT

Preguntas de autoevaluación sobre el TEPT

Preguntas	Respuestas
¿Crees que sufres TEPT?	
¿Cuáles son tus desencadenantes?	
¿Qué técnicas usas o podrías usar para manejar estas situaciones?	
Cuando salgas de prisión, ¿cómo puedes ayudar a tu familia y amigos a entenderte y apoyarte?	
¿Qué planes tienes para sobrellevar el TEPT cuando salgas de prisión?	

Preguntas del Mentor sobre el TEPT

Preguntas para el aprendiz:	Anota las respuestas del aprendiz.
¿Crees que sufres TEPT?	
¿Cuáles son tus desencadenantes?	
¿Qué técnicas usas o podrías usar para manejar estas situaciones?	
Cuando salgas de prisión, ¿cómo puedes ayudar a tu familia y amigos a entenderte y apoyarte	
¿Qué planes tienes para sobrellevar el TEPT cuando salgas de prisión?	
¿Cómo puedo apoyarte?	
Tarea para la próxima semana:	
¿Cómo vas con las preguntas diarias de comportamiento?	

Q ES DE HACER PREGUNTAS

> *Son muy pocos los que crecen,*
> *porque son muy pocos los que estudian.*
> —D. L. Moody, placer y Beneficio del Estudio de la Biblia

El arte de hacer preguntas se está perdiendo debido al ritmo acelerado de los negocios. Hacer preguntas te ahorrará tiempo y te proporcionará la información necesaria para tomar decisiones fundamentadas. Esto es válido tanto cuando buscas empleo, como cuando aprendes algo nuevo o conoces a alguien. Con frecuencia, los empleadores concluyen una entrevista diciendo: «¿tienes alguna pregunta?» Deberías tener al menos dos preguntas listas de antemano para estar preparado cuando llegue ese momento.

Haz preguntas. Las preguntas conducen a respuestas. Te informan. Las preguntas son una herramienta que te da poder. Mientras más preguntes, más comprenderás a las personas, los procesos, los planes y las motivaciones. Mientras más preguntes, más interesante resultarás para los demás. El valor no está en lo que sabes, sino en lo que aprendes. Si este es un aspecto en el que necesitas mejorar, aprende a hacer las preguntas importantes.

Hay distintos tipos de preguntas para cada situación. Desde tiempos de Sócrates (470-339 a.C.), el arte de preguntar y responder ha servido para estimular el pensamiento crítico. Nos ayuda a aprender y a educar.

Es momento de prepararte para las entrevistas de trabajo. Puedes practicar antes de reunirte con tu mentor y también antes de una entrevista real, ya sea dentro de la prisión cuando vengan empleadores, o cuando ya estés en libertad.

El centro Second Chance tiene una lista de diez preguntas de entrevistas de trabajo y cómo responderlas:

1. Háblame de ti. (Esta pregunta puede ser engañosa. Destaca tus logros [dos minutos] y experiencia laboral. No pierdas veinte minutos hablando sobre tu vida personal).
2. ¿Por qué deberíamos contratarte? (Enfócate en explicar cómo tus fortalezas coinciden con el puesto, no en tu necesidad de trabajo o tu urgencia por conseguirlo. Aunque sea cierto, no debes transmitirlo).
3. ¿Cuál es tu mayor fortaleza? ¿Cuál es tu mayor debilidad?
4. ¿Por qué quieres trabajar aquí?
5. Cuéntame de qué manera tus aptitudes se ajustan a las necesidades de este cargo.
6. Cuando estabas empleado, ¿por qué dejaste tu último trabajo?

7. ¿Cuál ha sido tu mayor logro?
8. Háblame de un problema laboral que hayas tenido y cómo lo solucionaste.
9. ¿Dónde te ves profesionalmente en cinco años?
10. ¿Tienes alguna pregunta?

Según Jobcast de Indeed (2 de octubre de 2020), estas son algunas preguntas sobre situaciones específicas. Practica tus posibles respuestas:

- Háblame de una situación difícil que enfrentaste, qué pasó y cuál fue el resultado.
- Háblame de algún error que hayas cometido. ¿Qué hiciste al respecto?
- ¿Cómo manejas la presión en el trabajo?
- Dame un ejemplo de cómo te fijas objetivos.
- Háblame de una situación conflictiva que hayas tenido, cómo la manejaste y cuál fue el resultado.
- Describe una ocasión en la que ayudaste a motivar a un compañero.
- Al finalizar la entrevista, los empleadores esperan que hagas preguntas. Estas son algunas opciones:
  - ¿En qué consiste un día típico en este trabajo?
  - ¿A quién le reportaré directamente?
  - ¿Qué es lo que más le gusta de trabajar aquí?
  - ¿Cuáles son los mayores retos de trabajar en esta empresa?
  - ¿Cuándo tomarán una decisión y cómo me la comunicarán?

Antecedentes Penales: Las preguntas difíciles

¿Cómo respondo a preguntas sobre el tiempo que pasé en prisión?

Existen varias maneras de manejar esta situación. El centro Second Chance recomienda cinco posibles enfoques. Sea cual sea tu elección, escribe lo que vas a decir. ¡Practica tu respuesta! No improvises.

1. Cuando solicites un trabajo, puedes anexar una declaración explicativa sobre tus antecedentes penales y después hablar con el responsable de contratación sobre el puesto y tus cualificaciones.
2. Durante la entrevista, cuando te pregunten sobre ti, destaca tus fortalezas y por qué eres un buen candidato para el puesto. Añade algo como «Además de mi experiencia, me gustaría comentarle algo personal» (comunícale al empleador la declaración que preparaste).
3. Otra oportunidad para mencionar tu pasado es cuando pregunten por tus debilidades. Comunícale al empleador la declaración que preparaste.
4. Al terminar la entrevista, cuando hayan concluido las preguntas, di algo como «Antes de retirarme, quisiera informarle de algo importante». Entonces comunícale al empleador la declaración que preparaste.

5. La entrevista concluyó, te fue bien y te hacen una oferta. Es momento de aceptarla e informar sobre tus antecedentes. Comunícale al empleador la declaración que preparaste.

Cuando hables de tus antecedentes penales, sé honesto, pero cuida la manera de expresarlo.

Ejemplos:
- o Me encontraron en posesión de una sustancia controlada.
- o Usaba mi cuerpo como medio para ganarme la vida.
- o Tuve un enfrentamiento verbal/físico que resultó en la pérdida de una vida.
- o Ayudé a alguien a cometer un delito.
- o Porté un arma sin la debida autorización.
- o Aproveché mi autoridad/acceso para tomar dinero/bienes que no me pertenecían.

Lista de preparación

- ☐ ¿Cómo está tu nivel de confianza? ¿Tu mentalidad? ¿Tu nivel de energía?
- ☐ Currículum: lleva una copia para cada entrevistador.
- ☐ Lleva dos bolígrafos de tinta negra.
- ☐ Lleva material para tomar apuntes (puede ser un cuaderno).
- ☐ Averigua con anticipación cómo llegar al lugar (calcula el tiempo suficiente para llegar quince minutos antes de la cita).
- ☐ Lleva tu licencia de conducir/documento de identidad y tarjeta de Seguridad Social
- ☐ Presenta cartas de recomendación (si las solicitan).
- ☐ Presenta tu lista de referencias (incluye información de contacto completa: nombre, dirección, teléfono, dirección de correo electrónico; incluye referencias personales y laborales).
- ☐ Investiga la empresa previamente—consulta su sitio web.
- ☐ Practica la entrevista.
- ☐ Viste formalmente.
- ☐ Acude a la entrevista sin acompañantes.
- ☐ Apaga el celular; no lleves bebidas ni comida. No fumes ni mastiques chicle.
- ☐ Descansa bien la noche anterior.
- ☐ Da un apretón de manos firme pero no muy fuerte.
- ☐ Mantén contacto visual.
- ☐ Memoriza el nombre del entrevistador y solicita su tarjeta al final de la entrevista.
- ☐ Lleva solo lo indispensable y mantén todo organizado.

REFERENCIAS

Programa Second Chance
https://nationalreentryresourcecenter.org/second-chance-act

Preguntas de autoevaluación sobre Hacer preguntas

Preguntas	Respuestas
Revisa las preguntas de la entrevista y escribe tus respuestas.	
¿Has pensado en el tipo de preguntas que harás? ¿Cuáles serán?	
¿Cómo responderás a las preguntas difíciles sobre el tiempo que pasaste en prisión?	
Revisa la lista de preparación de esta sección. ¿Qué tan preparado te sientes? ¿Cuáles son tus inquietudes? Escríbelas.	

Preguntas del Mentor sobre Hacer preguntas

Preguntas para el aprendiz:	Anota las respuestas del aprendiz.
Revisa las preguntas de la entrevista y escribe tus respuestas.	
¿Has pensado en el tipo de preguntas que harás? ¿Cuáles serán?	
¿Cómo responderás a las preguntas difíciles sobre el tiempo que pasaste en prisión?	
Revisa la lista de preparación de esta sección. ¿Qué tan preparado te sientes? ¿Cuáles son tus inquietudes? Escríbelas.	
¿Cómo puedo apoyarte en cuanto a hacer preguntas?	
Tarea para la próxima semana:	
¿Cómo vas con las preguntas diarias de comportamiento?	

R ES DE RESILIENCIA

> *No nos sorprendamos cuando tengamos que enfrentar dificultades. Cuando el viento sopla con fuerza sobre un árbol, las raíces se extienden y se fortalecen; que así sea con nosotros. No seamos débiles cediendo cada vez que sopla el viento, sino fuertes en espíritu para resistir.*
> —Amy Carmichael

Según Greitens (2016) en su extraordinario libro sobre la resiliencia, esta es la virtud que permite a las personas superar las adversidades y salir fortalecidas (p. 3). Entre los ejemplos están los veteranos que regresan a casa mutilados o con trastorno de estrés postraumático. Greitens, como antiguo Navy SEAL, comprende lo que significa estar en primera línea, donde se libran las batallas y se deciden los destinos, algo que no todos entienden.

Esto incluye a personas que han perdido a seres queridos, han padecido una enfermedad terminal, o han perdido a un amigo o familiar que se quitó la vida. Puede incluir la pérdida del trabajo, pérdidas financieras, de la salud, entre otras. Puede incluir la pérdida de la libertad.

Según Greitens (2016, 5), el dolor puede fortalecerte o destruirte. Explica qué estrategias le dieron buenos resultados a él y a sus compañeros Navy SEAL, las cuales han probado ser eficaces a lo largo de los años. Las preguntas fundamentales son: ¿Cómo mantener la concentración, manejar el estrés y desempeñarse en situaciones de presión? ¿Cómo superas el miedo y construyes el valor? ¿Cómo sobreponerse a las derrotas y sortear los obstáculos?

Me guío por frases que he creado para seguir adelante. Una de ellas me resulta especialmente útil: «Las circunstancias no determinan quién soy». En los momentos difíciles, en lugar de fijarme en el presente, procuro pensar en el futuro. Me repito «déjalo en manos de Dios». Es posible convertir la adversidad en triunfo, aunque no es fácil. Está en tus manos. ¿Vas a dejar que esta situación te venza? No olvides que Dios guía tu camino. Todos afrontamos luchas en la vida, conviene recordarlo cuando nos encontramos ante grandes desafíos.

La resiliencia es fundamental para llevar una vida plena y saber adaptarse a los cambios sin oponer resistencia. Las experiencias más dolorosas de mi vida se han convertido en grandes oportunidades para aprender y crecer. En su momento no lo entendía, pero ahora veo cuánto he progresado.

REFERENCIAS

Greitens, E. 2016. *Resilience*. Nueva York: First Mariner Books.

Preguntas de autoevaluación sobre Resiliencia

Preguntas	Respuestas
¿A quiénes admiras por su resiliencia?	
¿Qué te hace feliz?	
¿Quién eres?	
¿Qué hábitos te resultan beneficiosos?	
¿Cómo afrontas los momentos difíciles?	
¿Cuál es tu propósito?	
¿De qué debes hacerte responsable?	
¿Cómo manejas el dolor y las pérdidas?	
¿En qué situaciones has demostrado resiliencia?	

Preguntas del Mentor sobre Resiliencia

Preguntas para el aprendiz:	Anota las respuestas del aprendiz.
¿A quiénes admiras por su resiliencia?	
¿Qué te hace feliz?	
¿Quién eres?	
¿Qué hábitos te resultan beneficiosos?	
¿Cómo afrontas los momentos difíciles?	
¿Cuál es tu propósito?	
¿De qué debes hacerte responsable?	
¿Cómo manejas el dolor y las pérdidas?	
¿En qué situaciones has demostrado resiliencia?	
Tarea para la próxima semana:	
¿Cómo vas con las preguntas diarias de comportamiento?	

> *Conocerse a sí mismo es el primer paso para*
> *toda sabiduría.*
> —Aristóteles, antiguo filósofo griego

La autoconciencia es fundamental para tu éxito. Cuando te conoces bien, todo cobra sentido. ¿Te has observado detenidamente últimamente? ¿Qué tan consciente eres de ti mismo? ¿Identificas tus puntos ciegos? ¿Puedes reconocer tus fortalezas? ¿Sabes cuáles son tus debilidades? Estas son algunas estrategias para mejorar tu autoconciencia.

Considerando tu aprendizaje y crecimiento de los últimos meses, es momento de superarte. Te propongo realizar tu propia evaluación integral de 360 grados. Selecciona de cinco a siete personas en las que confíes, que puedan darte retroalimentación honesta y que no sean amigos que solo te dirían lo que quieres escuchar. Pídeles que respondan lo siguiente: (1) tres de tus fortalezas, (2) dos aspectos que podrías mejorar, (3) algo que les frustra de tu forma de ser (4) qué desean para tu futuro, (5) algo en lo que te consideren experto, (6) tus puntos ciegos, y (7) cómo podrías superarte y exigirte más. Anota lo que te digan. Te sorprenderás de lo mucho que aprenderás sobre ti mismo. Recuerda, la retroalimentación es un regalo.

¿Qué aprendiste de este ejercicio?

Hace unos días le pregunté a varios colegas qué opinión creían que tenían sus jefes sobre ellos. Les pregunté: «¿Qué crees que piensan tus profesores o supervisores sobre la imagen que proyectas»? ¿Cómo describirían tu personalidad y tu estilo de liderazgo? ¿Tu tono? ¿Tu lenguaje corporal? ¿Tu capacidad para administrar el tiempo? ¿Te consideran alguien que trabaja bien en equipo? ¿Alguien que resuelve problemas? ¿Una persona respetuosa? ¿Alguien que aporta? ¿Cómo es tu estilo de comunicación, tu personalidad, etc.?

Me dijeron que no tenían idea. No saberlo es un problema grave. Si no sabes lo que piensan de ti las personas a tu alrededor, ¿cómo podrás mejorar?

Preguntas de autoevaluación sobre la Autoconciencia

Preguntas	Respuestas
¿Qué aprendiste de las entrevistas que hiciste?	
¿Cuáles son tres de tus fortalezas?	
¿Cuáles son dos aspectos que podrías mejorar?	
¿Qué les frustra de tu forma de ser?	
¿Qué desean para tu futuro?	
¿En qué te consideran experto?	
¿Cuáles son tus puntos ciegos?	
¿Cómo podrías superarte y exigirte más?	

Preguntas del Mentor sobre la Autoconciencia

Preguntas para el aprendiz:	Anota las respuestas del aprendiz.
Después de las entrevistas que hiciste, ¿qué aprendiste?	
Después de las entrevistas que hiciste, ¿qué te sorprendió?	
¿Has hecho alguna evaluación de autoconciencia por internet? Si es así, ¿qué aprendiste o corroboraste?	
¿Has participado en algún taller de desarrollo personal para descubrir tus puntos ciegos? Si es así, ¿en cuáles? ¿Qué descubriste?	
¿Qué cualidades son fundamentales para conseguir trabajo o lograr tus metas?	
¿Cómo puedo ayudarte en tu proceso de autoconciencia?	
Tarea para la próxima semana:	
¿Cómo vas con las preguntas diarias de comportamiento?	

TES DE AGRADECIMIENTO

> *Dale gracias al Señor con todo tu corazón.*
> —Salmos 9:1

¿Cuándo fue la última vez que dijiste «gracias»? Esta palabra es fundamental para tu vida y tu trayectoria profesional. ¿Cuándo fue la última vez que escribiste una nota de agradecimiento a mano? No un correo electrónico ni una publicación en redes, sino una verdadera nota manuscrita. Tal vez pienses que esto es anticuado, pero su efecto es sorprendente. Dedicar tiempo a demostrar gratitud hacia alguien tiene un gran valor.

Hay muchas ocasiones para dar las *gracias*. ¿Tu mentor te dio un buen consejo? ¿Le pediste a alguien que te recomendara para un trabajo? ¿Alguien te dio una carta de recomendación? ¿Fuiste a una entrevista de trabajo? ¿Enviaste una nota de agradecimiento después? ¿Te contrataron? ¿Diste las *gracias*? ¿Te ascendieron? ¿Diste las *gracias*? ¿Agradeciste a tu equipo cuando terminaron el proyecto a tiempo? ¿Te dieron un bono? ¿Diste las *gracias*? Tal vez pienses: «Me lo he ganado, ¿por qué tengo que dar las gracias»? Esa actitud es *prepotencia*. ¿Por qué mejor no te muestras agradecido y das las *gracias*? ¿Hace cuánto que no le das las *gracias* a un familiar?

¿Un compañero te ayudó en algo? ¿Alguien se acordó de tu cumpleaños o de tu aniversario en la empresa? ¿Te invitaron a tomar un café, a comer o a cenar y ellos pagaron?

¿Fuiste a una cena o a un evento de la empresa? ¿Agradeciste al anfitrión? ¿Diste las *gracias*? ¿Alguien te llevó en su auto a una reunión? ¿Diste las *gracias*? ¿Cuándo fue la última vez que le diste las gracias a tu jefe?

Como ves, hay muchas ocasiones para dar las *gracias*. Si no sueles hacerlo, apúntalo en tu calendario para hacerlo al menos una vez por semana. ¡Pruébalo y verás! Conviértelo en un hábito semanal.

Preguntas de autoevaluación sobre el Agradecimiento

Preguntas	Respuestas
¿En qué situaciones has identificado que podrías dar las *gracias*?	
¿Has identificado situaciones en las que no diste las *gracias* y debiste hacerlo?	
¿Cómo te sientes cuando das las gracias o escribes una nota de agradecimiento?	
¿Te sale natural?	
¿Te hace falta apuntarlo en el calendario para recordar hacerlo?	
En tu opinión, ¿qué importancia tiene dar las *gracias* en la vida diaria y en el trabajo?	

Preguntas del Mentor sobre el Agradecimiento

Preguntas para el aprendiz:	Anota las respuestas del aprendiz.
Existe un dicho: «La gente no renuncia a las empresas, renuncia a los jefes». ¿Qué significa esto para ti?	
¿Qué tipo de persona, empleado o líder aspiras a ser?	
¿Qué valor le das a que las personas se sientan apreciadas en el trabajo?	
¿Qué te hace sentir valorado en tu trabajo?	
¿En qué situaciones has identificado que podrías dar las *gracias*?	
¿Has identificado situaciones en las que no diste las *gracias* y debiste hacerlo?	
En tu opinión, ¿qué valor tiene dar las gracias en el entorno profesional?	
¿Cómo puedo ayudarte a fortalecer esta práctica de agradecer?	
Tarea para la próxima semana:	
¿Cómo vas con las preguntas diarias de comportamiento?	

U ES DE COMPRENSIÓN

Porque el Señor da la sabiduría, de Su boca vienen el conocimiento y la inteligencia.
—Proverbios 2:6

La *comprensión* se define como «la capacidad de entender o ser consciente de los sentimientos y pensamientos de otras personas» (*Oxford Dictionary*). ¿Cómo puedes desarrollar una mayor comprensión? Piensa en alguien en tu vida que sea realmente comprensivo. ¿Quién es? ¿Qué cualidades tiene? ¿No sabes por dónde empezar?

El Dr. Dorsay (2020) propone un método de tres pasos para desarrollar la comprensión que te puede ayudar a comenzar.

El primer paso es incorporar la empatía en todas tus interacciones. Se trata de comprender la perspectiva del otro sin vivir su realidad. Todo empieza contigo. Él sugiere que, para comprender las motivaciones de alguien, expresiones como «Nunca se me había ocurrido verlo así» o «¿Qué te hace pensar eso»? ayudan a lograr una comprensión mutua. Escucha activamente. No te dejes llevar por las primeras impresiones. Considera que la gente actúa por interés propio, no por crueldad, Presta atención al lenguaje corporal para comprender mejor el estado de ánimo y las intenciones de una persona. Ten presente que la mayoría compartimos los mismos pensamientos, miedos y esperanzas (Dorsay 2020).

El segundo paso es comprender otras culturas y regiones. Es complicado. Familiarízate con la historia. Deja a un lado tus sesgos e ideas preconcebidas. Todos tenemos sesgos, ya sean conscientes o inconscientes. Comparte aspectos de tu cultura para animar a otros a compartir la suya. Aprende sobre otras culturas leyendo o viendo programas de televisión (Dorsay 2020).

El tercer paso es comprenderte a ti mismo. Prioriza el aprendizaje en todo lo que hagas. Reflexiona sobre tus metas para determinar qué quieres lograr. Analiza cómo reaccionas ante el estrés. Muéstrate franco y sincero al relacionarte con los demás. Sé tú mismo. Analiza con honestidad el origen de tus sesgos. Acepta que nunca te comprenderás completamente, y que eso es normal. Continúa evaluándote y reflexionando sobre ti mismo durante toda tu vida (Dorsay 2020).

¿Qué conclusiones sacas de este capítulo?

REFERENCIAS

Dorsay, A. 2020. «How to Be Understanding» (Noviembre 11). https://www.wikihow.com/Be-Understanding.

«Understanding.» *Oxford Dictionary.*

Preguntas de autoevaluación sobre la Comprensión

Preguntas	Respuestas
¿Cómo puedes demostrar empatía?	
¿Cómo puedes practicar la escucha activa?	
¿Cómo puedes evitar dejarte llevar por las primeras impresiones?	
¿Qué capacidad tienes para interpretar el lenguaje corporal? Explica.	
¿Con qué frecuencia piensas en cómo te sentirías en el lugar de los demás?	
¿Qué tanto sabes sobre diferentes culturas?	
Antes de tu encarcelamiento, ¿qué lugares visitaste? ¿Qué aprendiste al salir de tu ciudad?	
¿Qué sesgos reconoces tener?	
¿Qué te enorgullece de herencia cultural?	
¿Con qué frecuencia les preguntas a otros sobre sus programas de televisión, películas o música favoritos? Es una forma de establecer conexiones y conocerse mejor. ¿Cómo ha sido tu experiencia al hacer estas preguntas? ¿Qué has aprendido?	

Preguntas	Respuestas
¿Cómo puedes aprender sobre las diferencias de ahora en adelante? El mundo es un lugar diverso.	
¿Dónde crees que aprendiste tus sesgos?	
¿Cómo puedes mantener una mentalidad abierta?	
¿En qué aspectos has cambiado? ¿En qué aspectos sigues siendo el mismo?	

Preguntas del Mentor sobre la Comprensión

Preguntas para el aprendiz:	Anota las respuestas del aprendiz.
¿Cómo demuestras empatía?	
¿Cómo practicas la escucha activa?	
¿Cómo evitas dejarte llevar por las primeras impresiones?	
¿Qué capacidad tienes para interpretar el lenguaje corporal? Explica.	
¿Con qué frecuencia piensas en cómo te sentirías en el lugar de los demás?	
¿Qué tanto sabes sobre diferentes culturas?	
Antes de tu encarcelamiento, ¿qué lugares visitaste? ¿Qué aprendiste al salir de tu ciudad?	
¿Qué sesgos reconoces tener?	
¿Qué te enorgullece de herencia cultural?	
¿Con qué frecuencia les preguntas a otros sobre sus programas de televisión, películas o música favoritos? Es una forma de establecer conexiones y conocerse mejor. ¿Cómo ha sido tu experiencia al hacer estas preguntas? ¿Qué has aprendido?	

Preguntas para el aprendiz:	Anota las respuestas del aprendiz.
¿Cómo puedes aprender sobre las diferencias de ahora en adelante? El mundo es un lugar diverso.	
¿Dónde crees que aprendiste tus sesgos?	
¿Cómo puedes mantener una mentalidad abierta?	
¿En qué aspectos has cambiado? ¿En qué aspectos sigues siendo el mismo?	
Tarea para la próxima semana:	
¿Cómo vas con las preguntas diarias de comportamiento?	

V ES DE VICTORIA

> *Solo en Dios halla descanso mi alma;*
> *de 'Él viene mi salvación.*
> —Salmos 62:1

En el capítulo sobre comportamiento y del enfoque del Dr. Marshall Goldsmith, aprendiste que debes mirar hacia adelante, no hacia atrás. Debemos centrarnos en las victorias y no detenernos en los fracasos, decepciones o errores. Eso te agota. Puede robarte la confianza y la alegría, según el pastor Ray Patrick (3 de septiembre de 2019). ¿Cómo puedes adquirir el hábito de enfocarte en las victorias?

El pastor Patrick nos anima a todos a adquirir el hábito de enfocarnos en las victorias. Él dice: «Recuerda, todo don bueno y perfecto viene de Dios. Cuando lo alabas y le das gracias por las victorias en tu vida, Él derramará sus bendiciones sobre ti. Abrirá puertas sobrenaturales para que avances con fuerza y cumplas los sueños y deseos que Él ha puesto en tu corazón».

Aquello en lo que te enfocas, es lo que atraes. La elección es tuya. Una manera de motivarme es con frases inspiradoras. Estas son algunas de las personas que sigo para mantenerme motivada:

Joyce Meyer ha expresado: «No importa lo que hayas vivido en el pasado o lo que estés enfrentando ahora, nada puede evitar que tengas una vida plena y maravillosa si confías en Dios. ¡Dios te ama! Desea que vivas en victoria, alejado del pecado, para que puedas alcanzar las promesas que tiene para tu vida hoy».

Joel Osteen ha expresado: «Si buscas éxito, sabiduría, prosperidad y salud, no basta con meditar y creer. Debes proclamar con firmeza palabras de fe y victoria sobre tu vida y la de tu familia».

Nelson Mandela dijo: «La educación es la herramienta más poderosa para transformar el mundo».

Maya Angelou dijo: «Quizás enfrentemos muchas derrotas, pero lo importante es no rendirnos».

Billy Graham dijo: «Empieza a vivir como si tus oraciones ya se hubieran hecho realidad».

¿Qué frases o reflexiones te inspiran a vivir una vida llena de victorias?

REFERENCIAS

Patrick, R. 2019. «Time to Focus on Your Victories and Not Your Past Failures» (Noviembre 11). https://godinterest.com/2019/09/03/time-to-focus-on-your-victories-and-not-your-past-failures/.

Preguntas de autoevaluación sobre la Victoria

Preguntas	Respuestas
¿Qué opinas sobre lo que dijo el pastor Patrick?	
«Solo en Dios halla descanso mi alma; de 'Él viene mi salvación» (Salmos 62:1). ¿Qué significa esto para ti?	
Joyce Meyer ha expresado: «No importa lo que hayas vivido en el pasado o lo que estés enfrentando ahora, nada puede evitar que tengas una vida plena y maravillosa si confías en Dios. ¡Dios te ama! Desea que vivas en victoria, alejado del pecado, para que puedas alcanzar las promesas que tiene para tu vida hoy». ¿Qué significa esto para ti?	
Joel Osteen ha expresado: «Si buscas éxito, sabiduría, prosperidad y salud, no basta con meditar y creer. Debes proclamar con firmeza palabras de fe y victoria sobre tu vida y la de tu familia». ¿Qué opinas?	
Nelson Mandela dijo: «La educación es la herramienta más poderosa para transformar el mundo». ¿Qué opinas de esta frase?	

Preguntas	Respuestas
Maya Angelou dijo: «Quizás enfrentemos muchas derrotas, pero lo importante es no rendirnos». ¿De qué manera puedes poner esto en práctica en tu vida??	
Billy Graham dijo: «Empieza a vivir como si tus oraciones ya se hubieran hecho realidad». ¿Cómo puede inspirarte esta frase de ahora en adelante?	
¿Qué frases o reflexiones te inspiran a vivir una vida de victorias?	

Preguntas del Mentor sobre la Victoria

Preguntas para el aprendiz:	Anota las respuestas del aprendiz.
¿Qué opinas sobre lo que dijo el pastor Patrick?	
«Solo en Dios halla descanso mi alma; de 'Él viene mi salvación» (Salmos 62:1). ¿Qué significa esto para ti?	
Joyce Meyer ha expresado: «No importa lo que hayas vivido en el pasado o lo que estés enfrentando ahora, nada puede evitar que tengas una vida plena y maravillosa si confías en Dios. ¡Dios te ama! Desea que vivas en victoria, alejado del pecado, para que puedas alcanzar las promesas que tiene para tu vida hoy». ¿Qué significa esto para ti?	
Joel Osteen ha dicho: «Si buscas éxito, sabiduría, prosperidad y salud, no basta con meditar y creer; debes proclamar con firmeza palabras de fe y victoria sobre tu vida y la de tu familia». ¿Qué opinas?	
Nelson Mandela dijo: «La educación es la herramienta más poderosa para transformar el mundo». ¿Qué opinas de esta frase?	

Preguntas para el aprendiz:	Anota las respuestas del aprendiz.
Maya Angelou dijo: «Quizás enfrentemos muchas derrotas, pero lo importante es no rendirnos». ¿De qué manera puedes poner esto en práctica en tu vida??	
Billy Graham dijo: «Empieza a vivir como si tus oraciones ya se hubieran hecho realidad». ¿Cómo puede inspirarte esta frase de ahora en adelante?	
¿Qué frases o reflexiones te inspiran a vivir una vida de victorias?	
Tarea para la próxima semana:	
¿Cómo vas con las preguntas diarias de comportamiento?	

> *Y todo lo que hagáis, hacedlo de corazón, como para el*
> *Señor y no para los hombres, sabiendo que del Señor*
> *recibiréis la recompensa de la herencia.*
> *Es a Cristo el Señor a quien servís.*
> —Colosenses 3:23–24

Es menos probable que regreses a prisión si encuentras un empleo estable. Para la mayoría de las personas con antecedentes penales, cualquier trabajo legítimo es mejor que volver a prisión. Es cierto que buscar trabajo puede ser un proceso frustrante. Lo es para todos. Pero es posible si te preparas adecuadamente y te esfuerzas al máximo.

Antes de comenzar, reflexiona sobre quién eres. Hemos emprendido un camino juntos; ahora es el momento de integrar todo lo aprendido. Conseguir un trabajo poco después de salir de prisión es fundamental para tu camino hacia el éxito.

¿Qué has aprendido? ¿De qué te sientes orgulloso? ¿En qué programas participaste mientras estabas en prisión para mejorar tus habilidades, educación o certificados? ¿Qué habilidades y experiencia tenías antes de estar encarcelado? ¿Qué te gusta hacer? ¿Cuál podría ser un trabajo ideal para ti, considerando tus habilidades y talentos? ¿Qué oportunidades laborales podrían estar disponibles para alguien con antecedentes penales? ¿Qué empresas podrían estar contratando? ¿Cómo te enterarás? ¿Quién en tu red de contactos puede ayudarte?

Las organizaciones sin fines de lucro y los programas públicos pueden ayudarte a comenzar, como los programas de Second Chance en tu área. Organizaciones benéficas católicas, programas federales de fianza, Clean Slate y Unlocking Doors pueden ayudarte a empezar de nuevo.

Existen buenas oportunidades de empleo en empresas y entidades gubernamentales para personas con antecedentes penales. Idealmente, aprendiste un oficio mientras estabas en prisión. Millones de estadounidenses tienen condenas por delitos graves. Sabes por experiencia que no es fácil conseguir trabajo, y puede parecer abrumador.

Empresas como Goodwill, Ace Hardware, Alamo Rent a Car, Best Western, Comcast, compañías de camiones, Sprint, Dillard's, Embassy Suites, ExxonMobil, Goodyear, Jiffy Lube, Kohls, PetSmart, Olive Garden, Safeway, Walmart y Xerox contratan personas con antecedentes, por mencionar algunas. Si revisas la lista, verás que el comercio minorista y la hostelería son excelentes puntos de partida.

Las oportunidades educativas también son una excelente manera de aumentar tu potencial de ingresos, como escuelas de oficios, colegios comunitarios, programas vocacionales, certificados o universidades. Estas instituciones aceptan a personas con antecedentes penales. Puede que haya algunas carreras que no puedas estudiar dependiendo de tu historial, pero hay muchas opciones disponibles. Cada vez más trabajos se enfocan en la tecnología digital y el teletrabajo (Trade-Schools.net).

Algunas posibles carreras son:

- Barbero
- Cocinero
- Representante de servicio al cliente
- Conductor comercial
- Trabajador de la construcción
- Entrenador de perros
- Electricista
- Emprendedor
- Obrero general
- Instalador de vidrios
- Diseñador gráfico
- Técnico en climatización y refrigeración (HVAC)
- Jardinero
- Mecánico
- Desarrollador de aplicaciones móviles
- Puesto de nivel básico en petróleo y gas
- Pintor
- Empleado de control de inventario
- Consejero de abuso de sustancias
- Diseñador web
- Soldador
- Técnico en energía eólica
- Escritor
- Orador motivacional
- Empleado de envío y recepción

El plan: ahora que has respondido algunas preguntas, es momento de crear tu currículum, cartas de recomendación y referencias, decidir a qué trabajos puedes postularte y seguir una lista de verificación para estar preparado.

REFERENCIAS

Rudd, L. 2020. «37 Jobs for Felons That Offer a Good Second Chance» (Octubre 1). https://www.trade-schools.net/articles/jobs-for-felons.

Preguntas de autoevaluación sobre el Trabajo

Preguntas	Respuestas
¿Qué has aprendido?	
¿De qué te sientes orgulloso?	
¿En qué programas participaste mientras estabas en prisión para mejorar tus habilidades, educación o certificados?	
¿Qué habilidades o experiencia tenías antes de estar encarcelado?	
¿Qué te gusta hacer?	
¿Cuál podría ser un trabajo ideal para ti, considerando tus habilidades y talentos?	
¿Qué oportunidades laborales podrían estar disponibles para alguien con antecedentes penales?	
¿Qué empresas podrían estar contratando?	
¿Cómo te enterarás?	
¿Quién en tu red de contactos puede ayudarte?	

Preguntas de autoevaluación sobre el Trabajo

Preguntas para el aprendiz:	Anota las respuestas del aprendiz.
¿Qué has aprendido?	
¿De qué te sientes orgulloso?	
¿En qué programas participaste mientras estabas en prisión para mejorar tus habilidades, educación o certificados?	
¿Qué habilidades o experiencia tenías antes de estar encarcelado?	
¿Qué te gusta hacer?	
¿Cuál podría ser un trabajo ideal para ti, considerando tus habilidades y talentos?	
¿Qué oportunidades laborales podrían estar disponibles para alguien con antecedentes penales?	
¿Qué empresas podrían estar contratando?	
¿Cómo te enterarás?	
¿Quién en tu red de contactos puede ayudarte?	
Tarea para la próxima semana:	Lectura para la próxima semana: Haz una lista de trabajos o carreras ideales.
¿Cómo vas con las preguntas diarias de comportamiento?	

> *Ya no hay judío ni griego; no hay esclavo ni libre;*
> *no hay varón ni mujer; porque todos vosotros*
> *sois uno en Cristo Jesús.*
> —Gálatas 3:28

El ambiente de una prisión varía de una prisión a otra. La realidad para muchos presos incluye la tensión racial, las pandillas, el separatismo, el miedo, la preocupación por la seguridad personal y mucho más. Uno de los mayores retos será cuando regreses a tu ciudad o incluso a un nuevo entorno, pues el mundo ha cambiado. Los jóvenes de hoy creen en la diversidad, la equidad y la inclusión. Quizás ya hayas estado expuesto a esta forma de pensar, pero es una habilidad que se puede aprender.

¿Cómo puedes aprender más sobre la sensibilidad cultural? ¿Hay cursos disponibles o libros sobre el tema? Trata de conocer a los demás sin tener ideas preconcebidas. Reconoce tus sesgos y no dejes que te impidan conocer a otras personas.

Haz preguntas. Practica los buenos modales. Cosas como decir *por favor* y *gracias* tienen un gran impacto. Aprende sobre festividades y tradiciones con personas de diferentes orígenes a través de conversaciones sobre celebraciones, comida y tradiciones familiares. Presta atención.

Prepararse para la vida en el exterior y desarrollar la apreciación por las diferencias culturales y la diversidad requiere un esfuerzo consciente y aprendizaje. Estas son algunas estrategias que pueden ayudar a las personas a superar estos desafíos:

- Educación y exposición: Animar a las personas a participar en programas educativos durante su encarcelamiento que fomenten la concientización y el entendimiento de diferentes culturas, historias y perspectivas. Esto puede incluir leer libros, participar en talleres o ver documentales que muestren diversas culturas.
- Empatía y cambio de perspectivas: Animar a las personas a practicar la empatía considerando las experiencias, luchas y perspectivas de personas de diferentes grupos étnicos y culturales. Conversar con personas diversas, tanto dentro como fuera de la prisión, puede desarrollar la empatía y ampliar el entendimiento de la diversidad cultural.
- Capacitación en sensibilidad cultural: Ofrecer programas de capacitación en sensibilidad cultural para ayudar a las personas a entender y apreciar diferentes normas,

valores, tradiciones y estilos de comunicación de cada cultura. Estos programas pueden brindar conocimientos sobre diferentes orígenes raciales y étnicos, promoviendo la empatía y el entendimiento.

- Apoyo entre pares y mentoría: Fomentar un entorno que promueva interacciones positivas entre personas de diferentes grupos étnicos. Crear grupos de apoyo entre pares o programas de mentoría puede brindar oportunidades para aprender de otros con experiencias diversas y desarrollar el entendimiento.
- Programas de integración comunitaria: Colaborar con organizaciones comunitarias centradas en la diversidad y la inclusión para ofrecer programas de integración al salir de prisión. Estos programas pueden facilitar conexiones con miembros de diferentes comunidades culturales, generando oportunidades para la interacción y el entendimiento.
- Círculos sociales diversos: Alentar a las personas a buscar activamente relaciones y amistades con individuos de diferentes orígenes raciales y étnicos. Relacionarse en círculos sociales diversos puede ayudar a derribar estereotipos y sesgos al mismo tiempo que fomenta el aprecio por las diferencias culturales.
- Resolución de conflictos y habilidades de comunicación: Ofrecer formación en resolución de conflictos y comunicación efectiva para dotar a las personas de las herramientas necesarias para manejar conflictos y malentendidos que puedan surgir de las diferencias culturales. Estas habilidades pueden ayudarlos a enfrentar situaciones difíciles y promover el entendimiento.
- Liderazgo y defensa: Alentar a las personas a convertirse en líderes y defensores de la diversidad y la inclusión mediante la participación en iniciativas y programas comunitarios que fomenten el entendimiento cultural. Esto puede empoderar a las personas para que asuman un papel activo en promover el aprecio por la diversidad tanto dentro como fuera de la prisión.

Recuerda que cultivar el aprecio por las diferencias culturales y la diversidad es un proceso constante que requiere aprendizaje continuo y crecimiento personal permanente. Al brindar apoyo, educación y oportunidades para la interacción, las personas pueden desarrollar las habilidades y la mentalidad necesarias para apreciar y valorar la diversidad cultural al reintegrarse a la sociedad.

En mi experiencia, una vez que llegas a conocer a una persona, descubrirás que ustedes tienen más en común de lo que pensabas. Las cosas que valoras en la vida son muy similares. Quizás tengan un aspecto diferente por fuera, pero lo importante es lo tienen por dentro. La mayoría de las personas desean una buena vida y hacer cosas positivas. Quieren dejar huella en su vida y en la de su familia. ¿Por qué no empezar por ahí?

Preguntas de autoevaluación sobre la Sensibilidad Intercultural

Preguntas	Respuestas
Revisa la tarea de la sesión anterior.	
¿Qué tan preparado te sientes para relacionarte con personas de diferentes culturas?	
¿Qué te preocupa sobre salir en libertad y convivir con personas de distintas razas y orígenes?	
¿Qué sesgos reconoces que tienes?	
¿Cómo puedes superarlos?	

Preguntas del Mentor sobre la Sensibilidad Intercultural

Preguntas para el aprendiz:	Anota las respuestas del aprendiz.
Revisa la tarea de la sesión anterior.	
¿Qué tan preparado te sientes para relacionarte con personas de diferentes culturas?	
¿Qué te preocupa sobre salir en libertad y convivir con personas de distintas razas y orígenes?	
¿Qué sesgos reconoces que tienes?	
¿Cómo puedes superarlos?	
Tarea para la próxima semana:	
¿Cómo vas con las preguntas diarias de comportamiento?	

Yes de tu red

> *Por lo tanto, anímense y edifíquense unos a otros,*
> *como en efecto ya lo hacen.*
> *—1 Tesalonicenses 5:11*

¿Qué es networking? El networking consiste en desarrollar relaciones profesionales, compartir información y ayudarse mutuamente, tanto a nivel personal como profesional. ¿Por qué es importante crear una red de contactos? Construir una sólida red profesional forma parte de la estrategia para impulsar tu carrera y negocio. Las personas de tu red pueden darte consejos. Define tu objetivo y con quién quieres relacionarte. No todos los eventos serán adecuados para ti. Sé selectivo. Elige con cuidado a quién agregas en LinkedIn, que es diferente de Facebook u otras redes sociales. Mantén el contacto con tus conexiones de LinkedIn para conservar una red activa sin una agenda específica. LinkedIn facilita mucho mantener el contacto. Yo veo las redes sociales de esta manera: LinkedIn es para negocios, Facebook para amigos, Twitter para propósitos específicos y YouTube para suscriptores.

¿Cómo puedo hacer networking en la práctica? Considera tu círculo de conocidos. En una conversación que tuve con un hombre que había estado en prisión, me explicó cómo supo aprovechar cada oportunidad para construir relaciones. Comenzó con sus profesores y el personal de la prisión. Una vez en libertad, estableció contactos con su oficial de libertad condicional, su pastor y sus amigos. En muy poco tiempo, consiguió trabajo. Su caso no es excepcional. La vida es lo que tú haces de ella.

Al conocer a alguien, comienza haciéndole preguntas. Ofrece algo de valor, en lugar de centrarte en lo que quieres conseguir. Esto no es una cita rápida. Repite su nombre. Anota en el reverso de la tarjeta cuándo y dónde lo conociste. Envía un correo electrónico en las siguientes veinticuatro horas para que no te olviden. No esperes para hacerlo. El objetivo es conectar. Con el tiempo, construirás relaciones sólidas cimentadas en la confianza. Crea relaciones donde ambos ganen. Cuanto más practiques esto, más seguro te sentirás.

Tu red de contactos es el boleto dorado para el éxito profesional, pero solo si mantienes el contacto y estableces relaciones sólidas. Busca oportunidades para conectar y ayudar a las personas de tu red en lugar de centrarte solo en ti. Comunícate con ellos periódicamente para saber cómo están, qué podrían necesitar y cómo podrías ayudar. Te sentirás muy bien cuando puedas ayudar a otros en tu red. En el futuro, ellos podrían ayudarte, orientarte o hablar bien de ti.

La revista *Inc.* publicó un excelente artículo sobre networking llamado «*Eight Things Power Networkers Do to Make Connections*» (Ocho cosas que hacen los expertos en networking para crear conexiones) por Minda Zetlin. Échale un vistazo en https://www.inc.com/minda-zetlin/8-things-power-networkers-do-make-connections.html.

REFERENCIAS

LinkedIn. https://www.linkedin.com/feed/.

Zetlin, M. «Eight Things Power Networkers Do to Make Connections.» https://www.inc.com/minda-zetlin/8-things-power-networkers-do-make-connections.html.

Preguntas de autoevaluación sobre Tu Red

Preguntas	Respuestas
¿Cuál es el propósito del networking?	
¿Cómo puede beneficiar tu vida o tu carrera cuando salgas en libertad?	
¿Te gusta hacer networking?	
¿En qué aspectos del networking crees que necesitas ayuda?	
¿En qué aspectos del networking te destacas?	
Antes de ir a prisión, ¿cuál fue el último evento de networking o evento grupal al que fuiste?	
¿Qué puedes aportar cuando haces networking?	

Preguntas del Mentor sobre Tu Red

Preguntas para el aprendiz:	Anota las respuestas del aprendiz.
¿A qué eventos de networking has asistido?	
Describe cómo te sientes cuando asistes a un evento de networking o un evento grupal.	
¿Sueles ir solo a estos eventos o acompañado?	
¿En qué aspectos del networking te destacas?	
¿En qué aspectos del networking necesitas ayuda ahora?	
¿Hay algún evento de networking al que quieras asistir cuando salgas en libertad?	
¿Qué obstáculos encuentras?	
¿Cómo puedo ayudarte a mejorar en esta área?	
Tarea para la próxima semana:	Lectura para la próxima semana: Elabora una lista de todas las personas en tu red de contactos.
¿Cómo vas con las preguntas diarias de comportamiento?	

Z ES DE ENTUSIASMO

> *Nunca dejen de ser diligentes; antes bien, sirvan al Señor con el fervor que da el Espíritu.*
> —Romanos 12:11

Ha llegado el momento de reunirlo todo y desarrollar con tu mentor el plan de reintegración después de salir de prisión. Afronta la vida con entusiasmo y mantén a Cristo en el centro de todo lo que hagas mediante la oración y la meditación diaria. ¿Cómo sientes que has aprendido y crecido con tu mentor a lo largo de este camino hasta ahora?

Preguntas para el aprendiz

Completa la autoevaluación de la A a la Z.	
¿Qué capítulo te impactó más?	
¿Qué has aprendido de tu mentor?	
¿Cuánto has aprendido?	
Tarea para la próxima semana:	
¿De qué manera te han ayudado las preguntas sobre comportamiento diario?	

Preguntas del Mentor

Completa la autoevaluación de la A a la Z.	
¿Qué capítulo te impactó más?	
¿Qué has aprendido de tu mentor?	
¿Cuánto has aprendido?	
Tarea para la próxima semana:	
¿De qué manera te han ayudado las preguntas sobre comportamiento diario?	

Inventario después de la autoevaluación

El ABC de la Prisión a las Posibilidades	Ahora que has completado el programa, califícate del 1 al 10; 1 es deficiente y 10 es excelente.	¿De qué te sientes orgulloso? ¿Cuál es tu próximo paso?
A es de *actitud* Muestra una actitud positiva.		
B es de *comportamiento*. ¿En qué comportamiento quieres trabajar primero?		
C es de *comunicación*. Sé un buen comunicador.		
D es de *toma de decisiones* Mejora tus habilidades para tomar decisiones.		
E es de *inteligencia emocional* ¿Puedes mantener tus emociones bajo control?		
F es de *finanzas* -Desarrolla habilidades para administrar tu dinero.		
G es de *Establecer metas* Enfócate en las metas más importantes.		
H es de *salud* En una escala del 1 al 10, ¿cuál es el estado actual de tu salud y bienestar?		
I es de *integridad* Cumple tu palabra contigo mismo y con los demás ¿Pueden los demás confiar en ti al 100 por ciento?		
J es de *Jesús* Defiende aquello en lo que crees.		
K es de *conocimiento* Amplía tu base de conocimientos.		
L es de *Aprendizaje continuo* Hazte responsable de tu aprendizaje continuo.		
M es de *mentalidad* Explora. ¿Te gusta aprender de tus errores?		

El ABC de la Prisión a las Posibilidades	Ahora que has completado el programa, califícate del 1 al 10; 1 es deficiente y 10 es excelente.	¿De qué te sientes orgulloso? ¿Cuál es tu próximo paso?
N es de *conocimiento sobre nuevos medios* ¿Eres hábil usando los nuevos medios?		
O es de *oportunidad* Busca activamente nuevas oportunidades de vida y toma riesgos apropiados y legales.		
P es de *trastorno de estrés postraumático (TEPT)* Comprende tus desencadenantes y aprende estrategias que funcionen.		
Q es de *hacer preguntas* Sé más curioso haciendo preguntas.		
R es de *resiliencia* ¿Te adaptas o simplemente te rindes?		
S es de *autoconciencia* Aumenta tu autoconciencia.		
T es de *gracias* Muestra agradecimiento y gratitud.		
U es de *comprensión* Aprende a escuchar el punto de vista de los demás antes de compartir el tuyo.		
V es de *victoria* ¿Celebras las victorias propias y ajenas?		
W es de *trabajo* ¿Qué tan robusta es tu ética de trabajo?		
X es de *sensibilidad intercultural* Aprecia y respeta las diferencias entre razas y culturas.		
Y es de *tu red* Trabaja con otros y construye tu grupo de apoyo.		
Z es de *entusiasmo* Amplía las oportunidades para traer entusiasmo a tu vida.		

PLANIFICACIÓN PARA UNA REINSERCIÓN EXITOSA AL SALIR DE PRISIÓN

Si no tienes un plan de reinserción, lo más probable es que termines volviendo a las actividades ilegales. Debes prepararte para tener acceso a comida, transporte, ropa, vivienda, documentos de identificación personal y mucho más (consulta el apéndice para la lista de verificación). Trabaja con tu mentor para crear un plan para después de salir de prisión.

Según el Urban Institute Justice Policy Center en Washington, DC, necesitas planificar cómo satisfacer tus necesidades. Estas son sus recomendaciones (2008):

- *Transporte.* Averigua si la prisión proporciona transporte al momento de tu liberación o si debes hacer arreglos por tu cuenta.
- *Ropa y productos básicos.* Tendrás ropa para salir de prisión y, con suerte, artículos de higiene personal básicos. Necesitarás información sobre cómo acceder a recursos alimentarios.
- *Recursos financieros.* Recibirás una pequeña cantidad de dinero al salir de prisión. En Texas, serán $100 a menos que estés en libertad condicional, y recibirás $100 adicionales cuando te reúnas con tu oficial de libertad condicional por primera vez. Cada estado es diferente, así que infórmate.
- *Documentación.* Necesitarás obtener una tarjeta de identificación emitida por el estado.
- *Vivienda.* Tendrás que decidir dónde alojarte después de tu liberación. La prisión podría proporcionarte una lista de recursos y lugares disponibles. Si estás considerando volver a tu ciudad, asegúrate de que no sea el lugar que creó el ambiente para que ocurriera el delito. Si vuelves a ese lugar, seguramente regresarás a prisión tarde o temprano.
- *Empleo y formación.* Asegúrate de tener los formularios y referencias adecuados para el proceso de encontrar y mantener un trabajo. Confirma que tienes copias de cualquier certificado de finalización de estudios, formación, o certificados en las que hayas participado.
- *Atención médica.* Dependiendo de tu bienestar mental y físico, ten una lista de programas e información de contacto a los que puedas acceder después de tu liberación.
- *Red de apoyo.* Asegúrate de obtener un manual de recursos comunitarios. Contacta a familiares o amigos y notifícales sobre tu fecha de liberación y tu plan.

Cada persona que sale de prisión enfrenta situaciones propias, según el delito cometido. Además, hay que considerar la manera en que se le concede la libertad, ya sea libertad condicional supervisada o no supervisada.

Finalmente, las mujeres que se ven atrapadas en el sistema de justicia penal y tienen un largo historial de abuso de drogas suelen estar clínicamente deprimidas, tener baja autoestima, menos habilidades laborales que sus contrapartes masculinos, tienden a quedarse sin hogar y tienen problemas con sus parejas (LaVigne et al. 2008, 30). En el caso de las mujeres que trabajan con mentores, presta especial atención a crear un plan de reinserción que se centre en la disposición para el empleo, la vivienda y la reunificación familiar.

Los pasos finales para crear tu plan de reinserción: ¿Qué necesitas? ¿Qué tienes?

Lista de verificación para la reinserción

Artículo	Completado Marca una (X) en la fila.	Falta por conseguir Marca una (X) en la fila.	Plan/Cronograma
☐ Número de Seguridad Social			
☐ Identificación del estado			
☐ Certificado de nacimiento			
☐ Copia de las condiciones/normas de excarcelación			
☐ Licencia de conducir			
☐ Arreglos de transporte confirmado: familiar, amigo o transporte público—costo, rutas, etc.			
☐ Situación de vivienda resuelta: familia, amigos, casa de transición, albergue—costo			
☐ Dirección postal/recepción de documentos/sistema de archivo personal			
☐ Tarjeta de biblioteca (las bibliotecas ofrecen acceso a internet)			
☐ Dirección de correo electrónico			
☐ Teléfono / Internet			
☐ Credenciales educativas / solicitudes de expedientes académicos			
☐ Currículum			
☐ Declaración personal de encarcelamiento			
☐ Atuendo profesional—Dress for Success, Goodwill o su iglesia pueden ayudar			

Artículo	Completado Marca una (X) en la fila.	Falta por conseguir Marca una (X) en la fila.	Plan/Cronograma
☐ Empleo: trabajo o autorización firmada para la búsqueda de empleo			
☐ Acceso a alimentos: banco de alimentos/comedor social			
☐ Presupuesto			
☐ Grupos de apoyo (por ejemplo, VA, TEPT, NAMI)			
☐ Apoyo para abuso de sustancias (NA, AA, etc.)			
☐ Centro espiritual/iglesia			
☐ Apoyo en salud mental			
☐ Atención médica			
☐ Clases de crianza saludable			
☐ Oportunidades recreativas saludables			
☐ Ejercicio			
☐ Impacto de tu delito en el derecho al voto			
☐ Presentaciones ante el oficial de libertad condicional			
☐ Banco más cercano/cuenta bancaria			
☐ Reconexión con la familia e hijos			
☐ Cambios en la sociedad desde el encarcelamiento			
☐ Tramitación de órdenes judiciales abiertas/verificación de antecedentes penales			

Artículo	Completado Marca una (X) en la fila.	Falta por conseguir Marca una (X) en la fila.	Plan/Cronograma
☐ Plan de rutinas y horarios diarios			
☐ Calendario de audiencias judiciales y plan de pago de deudas			
☐ Conocer las consecuencias legales de su condena			
☐ Asesor de confianza/mentor después de la liberación			
☐ Práctica diaria de autorreflexión para mejorar conducta y toma de decisiones			
☐ Lista de recursos disponibles en tu ciudad			

Para los veteranos, el hospital local de VA ofrece diversos servicios y programas para apoyarte.

PLAN PARA DESPUÉS DE LA LIBERACIÓN

Herramientas para el desarrollo profesional

Una manera efectiva de comenzar es completar una solicitud de empleo para darte la oportunidad de saber qué información necesitas antes de crear un currículum. Puedes completar esto y llevarlo contigo cuando llenes una solicitud de empleo real.

	Nombre de la empresa

Solicitud de empleo (para aprendices reclusos)

Información del solicitante

Nombre
completo: _____ Fecha: _____
        Apellido   *Nombre*   *Inicial del segundo nombre*

Dirección: _____
        Dirección de residencia   *Apartamento/unidad #*

_____
        Ciudad   *Estado*   *Código postal*

Teléfono: _____ email _____

Fecha
disponible: _____
Número de
Seguridad Social: _____
Salario
deseado: $_____

Puesto solicitado: _____

¿Es usted ciudadano de los Estados Unidos?   SÍ ☐   NO ☐   Si la respuesta es no, ¿está autorizado a trabajar en los EE. UU.?   SÍ ☐   NO ☐

¿Alguna vez has trabajado para esta empresa?   SÍ ☐   NO ☐   En caso afirmativo, ¿cuándo? _____

¿Alguna vez ha sido condenado por un delito grave?

SÍ ☐ NO ☐

En caso afirmativo, explique: _____

Educación

Escuela secundaria: _____ Dirección: _____

Desde: _____ Hasta: _____ ¿Se graduó? SÍ ☐ NO ☐ Título: _____

Universidad: _____ Dirección: _____

Desde: _____ Para: _____ ¿Se graduó? SÍ ☐ NO ☐ Título: _____

Otros: _____ Dirección: _____

Desde: _____ Para: _____ ¿Se graduó? SÍ ☐ NO ☐ Título: _____

Referencias

Enumere tres referencias profesionales.

Nombre completo: _____ Relación: _____
Empresa: _____ Teléfono: _____
Dirección: _____

Nombre completo: _____ Relación: _____
Empresa: _____ Teléfono: _____
Dirección: _____

Nombre completo: _____ Relación: _____
Empresa: _____ Teléfono: _____
Dirección: _____

Empleos anteriores (comience con el empleo más reciente)

Empresa: _____ Teléfono: _____

Dirección: _____ Supervisor: _____

Cargo: _____ Salario inicial: $_____ Salario final: $_____

Responsabilidades: _____

Desde: _____ Hasta: _____ Razón para dejar el empleo: _____

¿Podemos contactar a su supervisor anterior para obtener una referencia?

SÍ ☐   NO ☐

_____

_____

Empresa: _____ Teléfono: _____

Dirección: _____ Supervisor: _____

Cargo: _____ Salario inicial: $_____ Salario final: $_____

Responsabilidades: _____

Desde: _____ Hasta: _____ Razón para dejar el empleo: _____

¿Podemos contactar a su supervisor anterior para obtener una referencia?

SÍ ☐   NO ☐

_____

_____

Empresa: _____ Teléfono: _____

Dirección: _____ Supervisor: _____

Cargo: _____ Salario inicial: $_____ Salario final: $_____

Responsabilidades: _____

Desde: _____ Hasta: _____ Razón para dejar el empleo: _____

¿Podemos contactar a su supervisor anterior para obtener una referencia?

SÍ ☐   NO ☐

_____

_____

Servicio Militar

Rama: _____ Desde: _____ Hasta: _____

Rango al momento de la baja: _____ Tipo de baja: _____

Si no fue una baja honorable, explique: _____

Descargo de Responsabilidad y Firma

Certifico que mis respuestas son verdaderas y completas a mi leal saber y entender.
Si esta solicitud conduce al empleo, entiendo que cualquier información falsa o engañosa
en mi solicitud o entrevista podría resultar en mi despido.

Firma: _____ Fecha: _____

Estas son hojas de trabajo de actividades que te ayudarán a comenzar a crear tu currículum

Currículum orientado a tus capacidades

Para adultos en transición, el formato recomendado es el currículum orientado a tus capacidades o currículum funcional. En este tipo de currículum no se indican los años de empleo, lo que te da cierta flexibilidad, y puedes explicar cualquier hueco laboral durante la entrevista. Para prepararte, piensa en los tipos de trabajos que te gustaría solicitar (anótalos aquí):

¿Cuál es tu objetivo laboral?

Mi objetivo laboral es:

_____

¿Qué habilidades requiere este trabajo?

¿Qué formación requiere este trabajo?

¿Qué experiencia requiere este trabajo?

¿Qué habilidades y capacidades tienes para realizar este trabajo? ¿Cuáles son tus carencias?

Ahora vamos a identificar todo lo que has logrado en tu vida hasta ahora:

- Piensa en los problemas que has resuelto.
- ¿Qué responsabilidades ha asumido?
- ¿Has recibido algún ascenso en prisión o algún certificado?
- ¿Qué diferencia has marcado y por qué es importante?

Describe algunos de tus logros. Usa verbos de acción (por ejemplo: *gestionar, comunicar, investigar, diseñar, enseñar, ayudar*, etc.).

Ahora enumera tu historial laboral:

Experiencia Laboral

Cargo (Comienza por el más reciente)	Funciones	Ciudad, Estado
Cargo	Funciones	Ciudad, Estado
Cargo	Funciones	Ciudad, Estado

Educación y formación

Enumera tu educación, formación y certificados

Educación	Formación	Certificados

Nombre del título recibido   Escuela   Ciudad, Estado

Resumen de los puntos clave

Enumera algunas habilidades blandas que posees como, por ejemplo, excelente capacidad de comunicación, atención al cliente destacada, adaptabilidad, trabajo en equipo, puntualidad, etc.

Modelo de currículum

KATHLEEN JONES

CONTACT

- example@example.com
- 555-555-5555
- 123 Main Street,
  San Francisco, CA 94122

EDUCATION

2009

Bachelor of Arts - Early Childhood Educatio

San Francisco, CA

SKILLS

- Personnel records maintenance
- New hire orientation
- Administrative skills
- Compensation/payroll
- Hiring and retention
- Benefits administrator
- HRIS applications proficient
- Policies implementation

PROFESSIONAL SUMMARY

Experienced HR professional with a bachelor's degree in Early Childhood Education and a passion for working with children and their families. Organized, personable, and action-oriented with a strong ability to communicate efficiently.

WORK EXPERIENCE

HR/Accouting Assistant

Dancer Solutions | San Francisco, CA

12/2009 | 10/2011
- Client facing interaction with leading Central Ohio business including Bath and Body Works, Coach, Lane Bryant, Value City Furniture, and Victoria's Secret.
- Supported accounting functions, including accounts payable and receivable.
- Developed and implemented company HR procedures that included: the employee handbook, employee benefits, disciplinary measures, and performance reviews.
- Organized company events with multiple vendors for 100+ guests.
- Managed executive calendars and travel.
- Developed onboarding protocols and trained new company employees.

HR Assistant

Macy's | San Francisco, CA

05/2002 | 11/2004
- Promoted from part-time seasonal employee to full-time within 6 months.
- Responsible for screening and job placement for applicants.
- Implemented new employee training courses.
- Supported accounting functions including payroll.
- Organized large company events with multiple vendors for 150+ guests.

Elaboración de tu currículum

Ahora que has completado todas las secciones del currículum, es momento de redactar tu propio currículum.

Modelo

Nombre Dirección de correo electrónico Número de teléfono
Objetivo:
Resumen de cualificaciones
Experiencia relevante
Historial laboral
Educación/formación Comprobantes de estudios/Certificados

Cartas de recomendación/referencias (documentos separados)

Haz una lista de tres referencias profesionales y tres referencias personales si es posible. Asegúrate de preguntarles primero antes de incluir sus nombres. Guarda una copia de la lista con sus nombres completos, direcciones, números de teléfono y correos electrónicos.

Referencia profesional	Nombre	Dirección (Ciudad, Estado, Código Postal)	Dirección de correo electrónico	Número de teléfono
1.				
2.				
3.				
Referencia personal	Nombre	Dirección (Ciudad, Estado, Código Postal)	Dirección de correo electrónico	Número de teléfono
4.				
5.				
6.				

Vestimenta

Muestra buenos y malos ejemplos.

Comienza a preparar lo que usarás para la entrevista y, cuando te contraten, lo que usarás en el trabajo. Tu ropa debe estar limpia, planchada y tener un estilo conservador y profesional. Al principio, esto podría resultarte difícil. Organizaciones como Dress for Success o Goodwill pueden ayudarte a conseguir ropa adecuada en tu localidad. Otra opción son las tiendas de segunda mano. Si no tienes acceso a estas opciones, podrías pedirle prestada ropa a un amigo, pero asegúrate de que esté limpia y te quede bien.

Es posible que consigas trabajo en una empresa que proporciona uniformes, pero necesitarás ropa adecuada para la entrevista. Asegúrate de tener un buen par de zapatos. Para ciertos trabajos, necesitarás botas de seguridad, así que tenlo en cuenta al planificar.

Higiene personal

La primera impresión es la que cuenta. Asegúrate de bañarte, usar desodorante, llevar las uñas cortas, peinarte, afeitarte, aplicar un maquillaje discreto en el caso de las mujeres, y cepillarte los dientes y usar hilo dental.

Apretón de manos

Practica tu apretón de manos antes de ir a una entrevista. Debe ser firme, pero sin apretar demasiado. Las mujeres también deben dar un apretón firme, no débil. Este es un paso importante para causar una buena impresión.

Contacto Visual

Mantener contacto visual al conocer gente o durante una entrevista es fundamental para generar confianza. No las mires fijamente, pero mantén contacto visual.

Puntualidad

Una vez que tengas una cita para una entrevista, calcula el tiempo que necesitarás para llegar, según tu medio de transporte. Salir con tiempo suficiente te ayudará a llegar a la entrevista sin prisas. Lo ideal es llegar quince minutos antes de la cita. Recuerda que te están evaluando desde que llegas, incluso en la sala de espera, así que muéstrate profesional en todo momento.

La entrevista

Es hora de prepararte para la entrevista. Practica mucho. Prepárate para dar respuestas claras y breves. Una pregunta frecuente en entrevistas es: «Cuéntame algo sobre ti». Aunque mucha gente viene preparada ar de su formación y aptitudes, las preguntas sobre comportamiento son diferentes. Las empresas tienen claro que las habilidades se pueden trasladar de un trabajo a otro. Lo que realmente quieren es asegurarse de que contratan a alguien que se integre bien en su organización.

El centro Second Chance ofrece recursos valiosos para mejorar tus técnicas de entrevista. Una de sus sugerencias es usar frases con «yo» en lugar de frases con «tú»:

Yo...
- estoy motivado/a
- soy hábil encontrando soluciones

- trabajo bien en equipo
- no me altero fácilmente
- cumplo con mis compromisos
- soy confiable

Tengo ...
- una actitud positiva
- mucha energía
- buenas habilidades para resolver problemas

Me gusta...
- la variedad
- los desafíos
- aprender
- trabajar de forma independiente
- trabajar en equipo

Ahora que tienes una idea de cómo empezar, escribe cómo podrías crear una breve presentación sobre ti mismo.

Actividad de práctica

Dedica un momento a escribir una presentación sobre ti mismo usando este ejemplo como guía:

Me llamo _____. Soy representante de servicio al cliente y llevo _____ años haciendo felices a las personas. Una de mis cualidades es saber escuchar y captar enseguida las necesidades del cliente. Siempre doy seguimiento a cada situación hasta resolverla. (Enumera tus puntos fuertes)

Actualmente estudio/curso _____ (indica aquí tus estudios o certificados). He participado en el programa Bridges to Life o en talleres de desarrollo personal, etc. (Menciona los programas que has aprovechado para tu desarrollo integral. Si hablas varios idiomas, coméntalo aquí).

Destaca tus logros más recientes y termina la entrevista hablando sobre tu meta profesional en relación con este empleador.

La entrevista

Entrevistarse es una habilidad que se puede desarrollar. ¡La primera impresión es la que cuenta! Tu entrevista comienza desde el momento en que llegas al lugar. Muéstrate animado. Presenta una imagen profesional adecuada. Los empleadores buscan candidatos entusiastas, puntuales, con habilidades sociales y que sepan comunicarse. Las empresas tienen un interés genuino en contratarte, por lo tanto, para concluir la entrevista, destaca las razones por las cuales eres la persona indicada y expresa tu sincero interés en incorporarte a la organización.

El centro Second Chance tiene una lista de diez preguntas de entrevista y cómo responderlas:

1. Háblame de ti. (Esta pregunta puede ser engañosa. Destaca tus logros [dos minutos] y experiencia laboral. No hables sobre tu vida personal ni te extiendas por veinte minutos).
2. ¿Por qué deberíamos contratarte? (Enfócate en explicar cómo tus fortalezas coinciden con el puesto, no en tu necesidad de trabajo o urgencia por conseguirlo. Aunque sea cierto, no debes transmitirlo).
3. ¿Cuál es tu mayor fortaleza? ¿Cuál es tu mayor debilidad?
4. ¿Por qué quieres trabajar aquí?
5. Cuéntame de qué manera tus aptitudes se ajustan a las necesidades de este cargo.
6. Cuando estabas empleado, ¿por qué dejaste tu último trabajo?
7. ¿Cuál ha sido tu mayor logro?
8. Háblame de un problema laboral que hayas tenido y cómo lo solucionaste.
9. ¿Dónde te ves profesionalmente en cinco años?
10. ¿Tienes alguna pregunta?

Según Jobcast de Indeed (2 de octubre de 2020), estas son algunas preguntas sobre situaciones específicas. Practica tus posibles respuestas:

- Háblame de una situación difícil que enfrentaste, qué pasó y cuál fue el resultado.
- Háblame de algún error que hayas cometido. ¿Qué hiciste al respecto?
- ¿Cómo manejas la presión en el trabajo?
- Dame un ejemplo de cómo te fijas objetivos.
- Háblame de una situación conflictiva que hayas tenido, cómo la manejaste y cuál fue el resultado.
- Describe una ocasión en la que ayudaste a motivar a un compañero.
- Al finalizar la entrevista, los empleadores esperan que hagas preguntas. Algunas opciones son:
  - ¿En qué consiste un día típico en este trabajo?
  - ¿A quién le reportaré directamente?
  - ¿Qué es lo que más le gusta de trabajar aquí?
  - ¿Cuáles son los mayores retos de trabajar en esta empresa?
  - ¿Cuándo tomarán una decisión y cómo me la comunicarán?

Antecedentes Penales: Las preguntas difíciles

¿Cómo respondo a preguntas sobre el tiempo que pasé en prisión?

Existen varias maneras de manejar esta situación. El centro Second Chance recomienda cinco posibles enfoques. Sea cual sea tu elección, escribe lo que vas a presentar. ¡Practica tu respuesta! No improvises.

1. Cuando solicites un trabajo, puedes anexar una declaración explicativa sobre tus antecedentes penales y después hablar con el responsable de contratación sobre el puesto y tus cualificaciones.
2. Durante la entrevista, cuando te pregunten sobre ti, destaca tus fortalezas y por qué eres un buen candidato para el puesto. Añade algo como «Además de mi experiencia, me gustaría comentarle algo personal» (comunícale al empleador la declaración que preparaste).
3. Otra oportunidad para mencionar tu pasado es cuando pregunten por tus debilidades. Comunícale al empleador la declaración que preparaste.
4. Al terminar la entrevista, cuando hayan concluido las preguntas, di algo como «Antes de retirarme, quisiera informarle de algo importante». Entonces comunícale al empleador la declaración que preparaste.
5. La entrevista concluyó, te fue bien y te hacen una oferta, Es momento de aceptarla e informar sobre tus antecedentes. Comunícale al empleador la declaración que preparaste.

Cuando hables de tus antecedentes penales, sé honesto, pero cuida la manera de expresarlo.

Ejemplos:
- o Me encontraron en posesión de una sustancia controlada.
- o Usaba mi cuerpo como medio para ganarme la vida.
- o Tuve un enfrentamiento verbal/físico que resultó en la pérdida de una vida.
- o Ayudé a alguien a cometer un delito.
- o Porté un arma sin la debida autorización.
- o Aproveché mi autoridad/acceso para tomar dinero/bienes que no me pertenecían

Lista de preparación

- ☐ ¿Cómo está tu nivel de confianza? ¿Tu mentalidad? ¿Tu nivel de energía?
- ☐ Currículum: lleva una copia para cada entrevistador.
- ☐ Lleva dos bolígrafos de tinta negra.
- ☐ Lleva material para tomar apuntes (puede ser un cuaderno).
- ☐ Averigua con anticipación cómo llegar al lugar (calcular el tiempo suficiente para llegar quince minutos antes de la cita).
- ☐ Lleva tu licencia de conducir/documento de identidad y tarjeta de Seguridad Social

- ☐ Presenta cartas de recomendación (si las solicitan).
- ☐ Presenta tu lista de referencias (incluye información de contacto completa: nombre, dirección, teléfono, dirección de correo electrónico; incluye referencias personales y laborales).
- ☐ Investiga la empresa previamente—consulta su sitio web.
- ☐ Practica la entrevista.
- ☐ Viste formalmente.
- ☐ Acude a la entrevista sin acompañantes.
- ☐ Apaga el celular; no lleves bebidas ni comida. No fumes ni mastiques chicle.
- ☐ Descansa bien la noche anterior.
- ☐ Da un apretón de manos firme pero no muy fuerte.
- ☐ Mantén contacto visual.
- ☐ Memoriza el nombre del entrevistador y solicita su tarjeta al final de la entrevista.
- ☐ Lleva solo lo indispensable y mantén todo organizado.

Networking

Elabora una lista de personas conocidas que puedan ayudarte a conseguir un empleo formal. Puede ser un familiar, amigo, oficial de libertad condicional, líder religioso, profesor, etc. La búsqueda de trabajo se hace más sencilla cuando analizas bien tu círculo de contactos y les comunicas tus objetivos al salir en libertad.

LinkedIn

https://www.linkedin.com/

LinkedIn es la mejor red social para tu perfil profesional. Para empezar, necesitas una dirección de correo electrónico, un currículum y una foto profesional. Gradualmente podrás ir completando las demás secciones. También es una excelente manera de ampliar tu red profesional.

Recursos para búsqueda de empleo

Hay diversos portales de empleo muy buenos. Entre los más destacados están:

- Indeed.com (https://www.indeed.com/)
- CareerBuilder.com (https://www.careerbuilder.com/)
- SimplyHired.com (https://www.simplyhired.com/)

Una vez que tengas tu currículum, cárgalo a estos portales para enfocar mejor tu búsqueda de trabajo.

Carta de presentación

Aunque no todos los trabajos requieren una carta de presentación, es muy importante personalizarla para cada puesto al que te postules. Quizás pienses que es demasiado laborioso. Requiere cierto esfuerzo, es cierto, pero los resultados lo justifican. Al solicitar empleo, considera lo siguiente: dedicar unos minutos extra a personalizar esta carta para obtener el trabajo representa el equivalente a un año de sueldo. La conclusión es obvia: ¡definitivamente vale la pena!

Ya estoy contratado, ¿y ahora qué?

Ahora que te han contratado, ¿qué espera el empleador? Espera que seas puntual, vestido adecuadamente y dispuesto a trabajar. Espera que demuestres todas las capacidades que mencionaste durante la entrevista. Espera que mantengas buenas relaciones con tus compañeros y superiores. No tolerarán ausencias ni retrasos. No tolerarán groserías ni violencia en el lugar de trabajo. Todo el esfuerzo invertido en prepararte para tu libertad y en desarrollar tus habilidades sociales facilitará tu reincorporación al entorno laboral.

COSAS QUE NO TE DICEN SOBRE LA REINTEGRACIÓN: HABILIDADES PARA TRIUNFAR EN LA VIDA

Nadie puede conocer del todo tu historia ni lo que has vivido. Ha sido un largo recorrido hasta llegar al día de tu libertad. Sentirás muchas emociones, desde entusiasmo hasta ansiedad o depresión. No será fácil. Durante varios años, han controlado tu vida desde que te levantas hasta que te acuestas, decidiendo cuándo comes, cuándo trabajas, dónde y cuándo puedes caminar, cuándo tienes tiempo libre, etc. La luz y el ruido de los módulos se han vuelto parte de tu rutina.

Salir de prisión puede provocarte un momento de euforia. Si todo va bien, este libro te habrá dado pistas sobre lo que debes tener preparado. Tendrás responsabilidades que no has tenido en años.

Si te encarcelaron por drogas, ¿cómo resistirás la tentación cuando estés libre? Incorpórate a un programa con un padrino y permanece en él. Es una lucha día a día. Quizás necesites acudir a reuniones *todos los días* para recibir apoyo.

Establece relaciones con trabajadores sociales para que te apoyen en tu adaptación. Busca una iglesia. Tu reinserción puede tomar uno de dos caminos—tú decides.

Intégrate en la sociedad lo antes posible, en grupos de apoyo, programas formativos y una iglesia. Busca un padrino, consejero o mentor para que te apoye y supervise tu progreso. El asesoramiento y otros servicios de apoyo son gratuitos en organismos como los Servicios Judiciales y los organismos de supervisión postpenitenciaria.

Inscríbete en el centro de salud de tu comunidad y no abandones los medicamentos que necesitas.

Descubre tu propósito y valórate como persona. Pon a Dios por encima de todo. Reflexiona sobre tus inquietudes diarias.

RESUMEN

Rezamos para que te vaya bien al salir de prisión. Queremos compartir algunas frases inspiradoras para que las consultes cuando la vida se complique y te surjan temores.

Cada momento es un nuevo comienzo. (T. S. Eliot)

En medio de la dificultad, reside la oportunidad. (Albert Einstein)

Recuerda que nadie puede hacerte sentir inferior sin tu consentimiento. (Eleanor Roosevelt)

Dios te bendiga.

RECURSOS

Angela House, Houston
angelahouse.org

Bexar Country Reentry Roundtable,
San Antonio
gov.bexar.org/reentry

Bridges to Life
https://www.bridgestolife.org/

Certificados de nacimiento
Cdc.gov/nchs/w2w/index.htm

Celebrate Recovery
https://www.celebraterecovery.com/

Programa de colaboración en red para la reinserción comunitaria, Departamento de Salud de Houston
houstontxgov/health/CRNP

Excel Center
https://www.goodwillcentraltexas.org/excel-center

Forgiven Felons, Dallas
forgivenfelons.org

Asistencia alimentaria
www.fns.usda.gov/snap/apply

Free-Man House
Dallasfreemanhouse.org

Goodwill Central of Texas
https://www.goodwillcentraltexas.org/

Houston Foodbank Serving for Success,
Houston
houstonfoodbank.org

Iglesia Hope City
https://hopecity.com/hchome/

Ministerio Kairos
h ttps://www.kairosprisonministry.org/

Magnificat Houses, Houston
mhihouston.org

Ministerios Mentor -Care, Bedford
mentorcare.org

Ministerios Mike Barber
https://www.mikebarber.org/

Alianza Nacional para la Salud Mental
https://nami.org/Home

Centro Nacional para el TEPT
https://www.ptsd.va.gov/

Perpetual Help, Victoria
perpetualhelphome.org

Programa de Emprendimiento Penitenciario
https://www.pep.org/

Servicios de búsqueda para personas sin hogar, Houston
searchhomeless.org

Ser-Job for Progress, Houston
serhouston.org

Ministerio Sharing Hope, Amarillo
sharinghopeministry.org

Ministerio Spirit Key, Houston
spiritkey.org

Star of Hope, Houston
sohmission.org

The Bridge, Dallas
bridgenorthtexas.org

Asociación de Familias de Reclusos de Texas
Amarillo tifa.org

Asociación de Familias de Reclusos de Texas, Houston
tifa.org

Iniciativa de Reingreso de Delincuentes de Texas, Fort Worth
medc-tori.org

Registro civil (Vital Records)
usa.gov/topics

Unlocking Doors, Dallas
unlockingdoors.org

Distrito Escolar de Windham
https://www.wsdtx.org/

Work-Faith Connection, Houston
workfaithconnection.org

REFERENCIAS

Anderson. L. y D. Krathwohl. 2001. "Revised Bloom's Taxonomy."
    https://thesecondprinciple.com/teaching-essentials/
    beyond-bloom-cognitive-taxonomy-revised/.

"Attitude." 2018. https://www.google.com/search?q=attitude+definition&oq=
    attitude+&aqs=chrome.5.69i57j35i39j0l4.5240j1j8&sourceid=chrome&ie=UTF-8.

Bloom, B. 1956. "Bloom's Taxonomy." http://www.nwlink.com/~donclark/hrd/bloom.html.

Brown, L. y J. Rohn. 2019. "Why Attitude Is Everything." https://www.youtube.com/
    watch?v=nbfFDnKkMvw.

Contreras, R. A., (junio 2018). A communication guide for ex-offenders. CSUSB
    Scholarworks. Descargado el 30 de junio de 2023, del sitio web https://scholarworks.
    lib.csusb.edu/cgi/viewcontent.cgi?article=1765&context=etd

"Communication Skills: How to Improve Communication Skills, 7 Tips." 2018.
    https://www.youtube.com/watch?v=mPRUNGGORDo.

Dale Carnegie. 2018. https://www.dalecarnegie.com/en/franchise-locations.

Davis, L. M., J. L. Steele, R. Bozick, M. V. Williams, S. Turner, J. N. V. Miles, J. Saunders y
    P. S. Steinberg. 2014. "How Effective Is Correctional Education, and Where Do We Go
    from Here?" Oficina de Asistencia Judicial. Departamento de Justicia de los Estados
    Unidos. RAND Corporation. https://www.rand.org/pubs/research_reports/RR564.html.

Dweck, C. 2009. *Mindset: How We Can Learn to Fulfill Our Potential.* https://www.amazon.
    com/Mindset-Psychology-Carol-S-Dweck/dp/0345472322/ref=sr_1_1?ie=UTF8&qid=1
    518884922&sr=8-1&keywords=mindset+by+carol+dweck.

Emmons, R. A. 2004. "The Psychology of Gratitude." https://www.forbes.com/sites/
    larryalton/2016/09/07/heres-how-sleep-affects-your-day-at-the-office/#3ed1c8e7820b.

"Emotional Intelligence." 2018. https://www.youtube.com/watch?v=Y7m9eNoB3NU/.

Goleman, D. 1995. *Emotional Intelligence: Why It Can Matter More Than IQ.* New York,
    NY: Bantam Books.

Gordon, J. 2007. "How to Deal with Energy Vampires."
    http://www.jongordon.com/positive-tip-energy-vampires.

Grammarly. 2018. https://www.grammarly.com.

Hall, K. M. 2021. A guide to PTSD Triggers (and how to cope). Descargado el 30 de junio
    de 2023, del sitio web https://www.goodrx.com/conditions/ptsd/common-triggers
    GoodRxHealth

Holmes, L. 2017. "10 Things Grateful People Do Differently." https://www.huffingtonpost.
    com/entry/habits-of-grateful-people_us_565352a6e4b0d4093a588538.

Jobcast. 2020. "30 Behavioral Interview Questions to Prepare for (with example answers)" (Octubre 2). Indeed. https://www.indeed.com/career-advice/interviewing/most- common-behavioral-interview-questions-and-answers.

Lavigne, N., E. Davies, T. Palmer, y Halberstadt. 2008. "Release Planning for Successful Reentry." https://www.urban.org/sites/default/files/publication/32056/411767-Release-Planning-for-Successful-Reentry.PDF.

Management Mentors. 2018. https://www.management-mentors.com/resources/corporate-mentoring-programs-resources-faqs#Q1.

Maxwell, J. C. 2003. *Attitude 101: What Every Leader Needs to Know.* https://www.amazon.com/Attitude-101-Every-Leader-Needs/dp/0785263500.

Mehrabian, A. 1972. *Nonverbal Communication.* Chicago, Il: Aldine-Atherton.

————. n.d. *Communication Model.* https://www.toolshero.com/communication-skills/communication-model-mehrabian/.

MindTools. (2018). "Improve Your Listening Skills with Active Listening." https://www.youtube.com/watch?v=t2z9mdX1j4A.

Asociación Nacional de Oradores. 2018. https://www.nsaspeaker.org/.

Robbins, M. 2018. "Bring Your Whole Self to Work." https://www.youtube.com/watch?v=bd2WKQWG_Dg.

Sinek, S. 2011. "Start with Why: How Great Leaders Inspire Action." https://www.ted.com/talks/simon_sinek_how_great_leaders_inspire_action.

Administración de Pequeñas Empresas (SBA). n. d. https://www.sba.gov/.

Centro de Desarrollo de Pequeñas Empresas—Houston. 2019. https://www.sbdc.uh.edu/sbdc/default.asp.

Smith, E. E. 2017. *The Power of Meaning: Crafting a Life That Matters.* New York, NY. Random House.

TedTalks. 2018. https://www.youtube.com/channel/UCAuUUnT6oDeKwE6v1NGQxug.

"The Attitude Test." 2019. https://www.3smartcubes.com/pages/tests/attitudetest/attitudetest_instructions/Online attitude assessments.

La Fundación de Liderazgo Global. 2018. "Emotional Intelligence Test." https://globalleadershipfoundation.com/geit/eitest.html.

Toastmasters International. 2018. https://www.toastmasters.org/.

The Foundation for Critical Thinking. 2018. https://www.criticalthinking.org/.

Vale, Jack. 2019. "An A–Z of the Skills of the Future." https://guild.co/blog/an-a-z-of-the-skills-of-the-future/.

www.ingramcontent.com/pod-product-compliance
Lightning Source LLC
Chambersburg PA
CBHW052112020426

42335CB00021B/2723